昭和プロレスを語ろう!

小佐野景浩
二宮清純

廣済堂新書

昭和プロレスを語ろう！

目次

序章　昭和プロレスと力道山

第1章　馬場と猪木──もし二人が闘っていたら……

第2章 馬場と猪木――対立と挑発の果てに

第3章 馬場・猪木の次は誰だ？——藤波・長州、鶴田・天龍の時代

第4章 国際プロレスを語ろう！——第三極の不思議な魅力

第5章 ヒールで語る昭和プロレス――〝最恐〟は誰だ？

終章　タイガーマスクと昭和プロレスの終焉
――昭和プロレスが教えてくれたこと

序章

昭和プロレスと力道山

「昭和プロレス」の終わりはいつか

二宮　小佐野さんとは同世代で、「週刊ゴング」の記者時代からお付き合いがあります。一度、昭和プロレスをテーマに語り合ってみたかった。僕たちが子供の頃に夢中になった昭和プロレスは何だったのか……

小佐野　僕は力道山どころか、豊登の記憶もないです。二宮さんは何年生まれでしたっけ？

二宮　僕は昭和35年、1960年の早生まれなんですよ。

小佐野　そうですか。僕が昭和36年9月だから、学年で言うと2年違う。子供で2年の違いは大きいですよね。

二宮　僕は風呂上がりに、豊登のあの〝カッポンカッポン〟をよく真似していたんですよ。

小佐野　両腕を交差させて、胸にぶつけて音を鳴らすパフォーマンスですよね（笑）。

二宮　そうです。その後は一気にジャイアント馬場とアントニオ猪木の時代になりますから、僕にとっての昭和プロレスはほとんど馬場と猪木なんですよ。馬場、猪木それから天龍源一郎、ジャンボ鶴田、長州力、藤波辰爾……。「昭和プロレス」のメインストリームですね。

小佐野　81年に国際プロレスが倒産するんですけど、その年にタイガーマスクがデビューしています。そして、翌82年のプロレス大賞のMVPを受賞したのが佐山聡のタイガーマスクなんです。この年の同賞は1月にスタン・ハンセンとの初対決でベストバウトを演じた馬場が有利と言われていたんですが、初めて馬場と猪木以外の人間が受賞した。それがタイガーマスクだったんですよ。

二宮　ということは、タイガーマスクの出現あたりまでが「昭和プロレス」の時代ということになりますか？

小佐野　89年までが昭和ですから、そういう意味ではタイガーマスクも昭和です。ただ、タイガーマスクのブレイク以降、プロレス界がダイナミックに変わっていくんです。82年以降は、馬場・猪木時代のプロレスとは明らかに質が違うわけですね。

　そうした現在につながるプロレスの流れが昭和の終わり頃に生まれ、89年1月8日に昭和から平成に元号が変わるわけですが、どこまでを「昭和プロレス」に含めるかどうかは、人それぞれでしょうね。

二宮　一般的に僕らの世代だと馬場・猪木の存在があまりにも巨大でしたから、昭和プロレスと言えば、やはりこの二人とその周辺であることは動かない。

小佐野　82年にタイガーマスクがプロレス大賞をとって以降、この賞はジャンボ鶴田、藤波辰爾、天龍源一郎といった人たちがとる時代になっていく。それ以降、馬場も猪木も一度もとっていません。

そして、日本のプロレスも日本人対外国人という図式が、82年の長州力の「噛ませ犬発言」をきっかけに日本人対決にシフトしていくんですよ。その新日本の流れが、今度は全日本プロレスにも波及して、天龍革命につながる。さらに言えば、83年に新日本プロレスでクーデターが起きて、84年にはUWFが誕生しました。

二宮　なるほど。そのあたりからプロレス界がダイナミックに動き始めるわけですね。

小佐野　長州も85年からジャパン・プロレスとして全日本に参戦するし、世界のプロレスもWWF（現・WWE）の全米侵攻が始まった時期だから、大物外国人選手も呼びにくくなってしまう。馬場が長州を引っ張って、日本人対決をリング上の主軸にしたのも、そういう理由からなんです。

二宮　わかりました。今の小佐野さんの話を聞く限りでは、僕がイメージする「昭和プロレス」は、やはり長州たちの時代ぐらいまででしょうかね。今回の対談では、僕らが魅了された「昭和プロレス」について、とことん語り合いましょう。

小佐野　よろしくお願いします。

「昭和プロレス」の記憶の始まり

二宮　力道山をナマで見た記憶はほとんどありませんが、オヤジの膝の上でテレビを見ている写真が残っているんですよ。

力道山のリキタイツってあったでしょう。あれで遊んでいる写真も残っているから見ているはずなんだけど、記憶はかすんだままなんです。豊登は試合というよりも、カッポンカッポンかな。技で言えばサバ折りなど怪力系の技が中心でしたね。

小佐野　僕はもう完全に馬場と猪木の時代になっちゃいますね。

毎週金曜日にＴＢＳで宇津井健が主演の『ザ・ガードマン』というドラマをやっていて、これが夜の９時30分から10時30分まで放送されていました。当時、幼稚園生だったので、普通は10時まで起きていてはダメなんですけど、金曜日は夜更しが許されたんです。だから、金曜日は20時から日テレの三菱ダイヤモンドアワーでプロレスを見て、『ザ・ガードマン』を見て寝る。

その記憶からすると昭和40年、1965年以降ですよね。でも、はっきりと記憶に残っているのは、猪木が優勝した69年の『第11回ワールド・リーグ戦』ですね。

二宮　それは僕も憶えています。クリス・マルコフか注目されました。

小佐野　出ていましたね。決勝戦の猪木の相手でしたね。

二宮　猪木とは手が合いましたね。

小佐野　プロレスに対しての知識をはっきりと持ち始めたのは、その翌年からなんですよ。というのは、『第12回ワールド・リーグ戦』でドン・レオ・ジョナサンやザ・コンビクトとかが来日している。僕はその時期から、プロレス専門誌の『月刊ゴング』を読み始めたんです。

子供だったし、そのあたりからの知識は、来日外国人から何からスポンジが水を吸収するように頭に入ってきましたね。

二宮　コンビクトか、懐かしいなあ。名前の通り囚人服姿で登場しました。あとは誰が出ていましたか？

小佐野　パンピロ・フィルポとかね。原始人キャラなんだけど、実は7カ国語を喋ることができるインテリだというのを当時の記事で読みました（笑）。

二宮　プロレスラーに〝意外なインテリ〟は少なくない（笑）。コンビクトは実はアメリカの囚人なんだけど、プロレスをやる時だけは刑務所から出てきて試合ができるという触れ込みで（笑）。正体は誰だったんですか？

小佐野　81年にテネシーで会いましたけど、その時はプラウボーイ・フレイジャーという農夫キャラだった。「ああ、この人がコンビクトなんだ」って、感慨深かったですね。

二宮　身長が2ｍぐらいあって、首輪か何かをつけて。

小佐野　自分の腰のベルトのバックルに相手の頭を叩きつけるんですよ。だから、当時は若手だった高千穂明久（後のザ・グレート・カブキ）がガンガンやられて流血したのを記憶してます。

二宮　おおっ！　米良明久ですね。

小佐野　そうです。当時はもう高千穂明久という名前でやっていました。当時僕が読んでいた『月刊ゴング』に、コンビクトを追っているグラビアがあったんですよ。洗面所で顔を洗っているのを後ろから撮った写真で、もうちょっとで正体が撮れたみたいな(笑)。

今考えれば、ヤラセの写真ですけどね。あと、コンビクトの囚人服にカメラマンと編集部員が2人で入っちゃうとか。そういう視覚的なものを見せてくれたので『ゴング』は小学生には響きましたね。

本当に怖かった噛みつきブラッシー

二宮　子供の頃、横文字はだいたいプロレスから覚えました。「コンビクトって囚人のことなんだ」とか、ダブルクロスは裏切りとか。それもあって、この当時は外国人レスラーが非常に印象に残っているんですよ。ザ・デストロイヤーもそうだし、ボボ・ブラジル、ディック・ザ・ブルーザー、フレッド・ブラッシーあたりですね。

小佐野　国際色豊かだったのも昭和プロレスの特色だし、個性的な外国人レスラーがたくさん来日しましたよね。

二宮　デストロイヤーやブラッシーは力道山のライバルでした。

力道山時代から恐怖の的だったフレッド・ブラッシー（1972年10月22日　日大講堂）

小佐野　ブラッシーのほうが先で、初来日が62年の4月なんですけど、そこで例の「噛みつきショック死事件」が起きたんですよ。デストロイヤーは翌63年が初来日でした。

二宮　ブラッシーの噛みつきは、子供心に恐怖を覚えたものです。一説によると11人がショック死したとか。社会問題にまで発展しましたからね。

しかも、あの頃は白黒テレビでしょう。血の色はベタッとした黒になるので、そっちのほうが却って怖い。ブラッシーは「俺はリングに上がったら、母親でも噛み殺す」と豪語していて、そのへんがすごく頭のいい人だなと思いました。ああいうセリフは自分で考えるんですかね。

小佐野　おそらくそうだと思います。彼はファイトぶりも派手だったし、やられっぷりも派手だったし、今、改めて映像を観ると、当時のショーマンシップの最先端の人ですよね。

二宮　元々は正統派でしょう。

小佐野　それこそルー・テーズと同じくジョージ・トラゴスのジムのトレーニングを受けてプロレスデビューしているはずです。トラゴスはギリシャ人でオリンピックに2回出場しているレスリングの強豪で、1920年代にアメリカに移住してプロレスラーとしても指導者としても名を馳せました。だからブラッシーも根っこはしっかりした技術があったと思います。62年3月28日にアメリカ遠征中の力道山にWWA世界ヘビー級王座を奪われた時に「(ジョン・F・)ケネディ大統領に言いつけてやる！」って言っている映像を、後に見たことがあるんです。僕はまだ子供だったから「凄いな。大統領と友達なんだ」と思って(笑)。

二宮　ケネディ大統領の時代だったんですね。そのセリフ一つ見ても頭の良さを感じますよ。ところで、ブラッシーがチャンピオンだったWWAは、ロサンゼルスのオリンピック・オーディトリアムをメイン会場にしていた団体ですよね。伏魔殿みたいに言われていて、大木金太郎もチャンピオンになっています。デストロイヤーとかベアキャット・ライトもいました。68年に西城正三がラウル・ロハスに勝って世界王者となり、シンデレラボーイと呼ばれたのも、この会場です。

小佐野　ベアキャット・ライトは黒人のレスラーですね。黒人初の世界チャンピオンなのに迫害を受けて、逃亡して剥奪されたっていう話は有名でしたよね。

二宮　2m近い長身でもともとはプロボクサー。マーティン・ルーサー・キングの名演説「I have a dream」の5日前にブラッシーを破ってチャンピオンになった。チャンピオンになったことでの迫害はボクシングのジャック・ジョンソンを彷彿とさせます。

小佐野　ただ、ライトが新日本プロレスに来日した時はヒールだったから、結構ショックを受けましたね。子供心に悲劇の正統派だと勝手に想像してましたから（苦笑）。

二宮　元々はベビーフェイスだったそうですね。

小佐野　ベビーフェイスのはずですよ。黒人とネイティブ・アメリカンは基本的にベビーフェイスです。というのは、やっぱりプロレスは貧しい人たちが見る娯楽で、黒人のファンが多い。おそらく、ヒールをやったのはアーニー・ラッドぐらいだと思います。

二宮　後のリック・フレアーとか、ああいう派手なアメリカの成金みたいなイメージの白人がヒールになるんですね。

「必殺技が出たらおしまい」が昭和プロレス

小佐野　そうなんですが、ややこしいのは昔の世界チャンピオンって、基本的にみんなヒールなんですよ。ドリー・ファンク・ジュニアもジャック・ブリスコもヒールですからね。

二宮　ドリーは日本ではベビーフェイスでした。ヤンチャなテリーを諭したりする〝いいお兄さん〟というイメージだった。

小佐野　でも、アメリカではヒールでした。そんなに悪いことはしないんだけど、無表情じゃないですか。冷徹な感じで、淡々と地元のベビーフェイスを攻め立てていく。そこがやっぱり憎まれる要素なんですよね。〝ミスター・クール〟って呼ばれていたらしいですよ。

二宮　要するにドリーたちがチャンピオンだった時代のNWAというのは文字通り数多くの地方団体の同盟体だった。NWAのAはアライアンスですからね。チャンピオンは各地を回らなきゃいけない。そこでおらが町のヒーローと戦うので、チャンピオンはヒールじゃないとダメだという構図ですね。

小佐野　その通りです。地元の英雄を地元のファンが応援するという構図を作る。だいたい一つの地区に1週間入って、そこで地元のベビーフェイスの挑戦を受けるんです。そうすると、まっとうな試合をしてもブーイングが飛ぶぐらいで、ちょっとでも悪いことをすれば、もう完璧にヒールになれる。

二宮　なるほど。逆に、昔のWWWFみたいに、ニューヨークの一角だけでやっているような団体なら、チャンピオンはベビーフェイスでいいわけですね。その代表格が「マジソンスクェアガーデンの帝王」と呼ばれたブルーノ・サンマルチノ。イタリア系移民の星でした。

小佐野　そうですね。だからプアホワイトとされたイタリア移民のサンマルチノ、ドロップキックの名手だったプエルトリカンのペドロ・モラレスがベビーフェイスとしてメルティング・ポットのニューヨークを拠点とするＷＷＷＦのチャンピオンに君臨していたんです。

二宮　ＮＷＡみたいにアウェイで防衛戦をやるとなると、憎たらしいぐらいのキャラじゃないと成り立たないということですよね。

小佐野　ＮＷＡの世界王者はヒールとして、各地のトップの挑戦者をいかに強く見せるかが求められていました。いつでも挑戦者がベルトを獲れるような試合をやって、最終的にベルトを守るという技量が必要なんです。ＮＷＡがテリトリー制でやっていた時には、例えばフロリダのファンは、テキサスで何をやっているかなんて知らないんですよ。ドリーの場合は地元のテキサスのアマリロではベビーフェイスですけど、フロリダに行ったらヒールなんです。逆に、フロリダのベビーフェイスであるジャック・ブリスコが、アマリロに行ったらヒールになる。

二宮　当時はまだメディアが発達していなかったから、他の地区のことはわからないわけですね。バーン・ガニアが仕切っていたAWAはどうだったんですか？

小佐野　AWAはミネアポリスを中心としたアメリカの中西部の地区の団体なんですけど、やっぱりガニアというオリンピックにも出場した凄い実力者がいるというイメージでしたよね。

二宮　ガニア王国と言われていたぐらいだから、すべてガニアが好きなように仕切っていたんでしょうね。WWWFのサンマルチノも技はそんなに豊富じゃなかった。決め技はベアハッグかカナディアン・バックブリーカーといった力技。ガニアはいつでもスリーパーホールド。想像するに、ファンを納得させるための〝印象記号〟だったんでしょうね。水戸黄門の印籠のようなものです。これが長期政権の秘訣ですね。

小佐野　ただ、やっぱりガニアのスリーパーホールドは一流の技でした。力技ではなく、相手の技を切り返して、腕がスパッと相手の首に入れば終わり。これが入ったら終わりみたいな説得力がありました。

二宮　『ゴング』なんかでよく見ていましたが、決め技はいつも同じ。馬場の16文キックもそうだけど、「この技が出たらおしまい」って、当時はみんなが納得していましたよね。大団円の中心に代名詞的な必殺技がありました。

小佐野　昔のプロレスはその人の必殺技が出たら終わり。だから、その必殺技に説得力を持たせるために、そこに持って行くまでの試合の流れを作るのが大切だったんだと思います。

「タッグマッチ」に目をつけた力道山の抜群のセンス

二宮　話を少し戻すと、力道山が凄いなと思うのは、『ワールド大リーグ戦』（力道山の死後は『ワールド・リーグ戦』）に、オリンピック的な価値観を持ち込んだことでしょう。ルー・テーズやブラッシーはハンガリー代表ですからね。ハンガリー系という認定だったんでしょうね。ハロルド坂田、グレート東郷が日系代表というセンスもプロレス的で好きですね。ちなみに覆面レスラーのミスター・アトミックはドイツ代表でした。

小佐野　59年のアトミックの初来日の時は、力道山はアメリカに行っていて留守だった。でも、当時大人気だった「月光仮面」とリンクして、日本でブレイクしちゃったものだから、そのまま残って『第1回ワールド大リーグ戦』に参戦したんです。
　僕が、力道山が凄いと思うのは、まず最初にシャープ兄弟を呼んで、タッグマッチを見せたことです。他の格闘技にはないタッグマッチをまず見せたというところが、センスがいいですよね。
二宮　タッグマッチという形式は、ボクシングでも柔道でもないですからね。
小佐野　そこに目をつけたところが、力道山のプロモーターとしてのセンスの良さ。同時期に熊本で国際プロレス団を興した木村政彦、大阪で全日本プロレスリング協会を興した山口利夫に欠けていたのは、そういうセンスだと思います。力道山はアメリカでプレイヤーとしてのプロレスも覚えたけど、いかに見せるかという興行としてのプロレスもマスターして帰ってきた。
　呼ぶレスラーにしても、国際色豊かに悪党、正統派、マスクマンといろいろなキャラクターを見せる。そうやって、ファンを教育していったんですね。
二宮　力道山のプロデューサー的なセンスは際立っていますね。日本人の多くがサッカーワールドカップの存在を知らないときに、プロレス版ワールドカップをやっていたわけです。

小佐野　そうですね。その後、ジェス・オルテガという「狂えるメキシコの巨象」と呼ばれたレスラーを呼ぶんですよ。

二宮　ああ、テンガロンハットを被ったオルテガですね。ボディスラムで叩きつけるとマットが揺れていました。

小佐野　テンガロンハットにポンチョみたいなのを着たら、それだけでも新鮮じゃないですか。さらには黒人のボボ・ブラジル、そして世界チャンピオンのルー・テーズ。

二宮　今で言う多様性と国際性。まさしく国際的プロモーター、プロデューサーですね。

小佐野　いかに飽きさせずに見せるかっていうことを考えていたんでしょうね。オルテガなんて、オナラに火がつくかどうかの実験をして成功したという記事を読んだことがあります（笑）。

二宮　アハハハ。陽気なメキシコ系で、それほど悪役には見えなかったけど……。

小佐野　悪役ですね。基本、外国人はみんな悪役なんですよ。でもオルテガなんかも荒っぽいというだけで、いわゆるヒールではないですよね。

二宮　シャープ兄弟だって反則はしなかったと、プロレス好きのウチのオヤジが言っていた。にもかかわらず、いきなり力道山に空手チョップでやられちゃう。

小佐野　当時の人にしてみたら、シャープ兄弟はいかにもアメリカの兵隊さんがやって来たっていう感覚があったでしょうからね。

二宮　「アメリカに戦争では負けたけど、力道山がシャープ兄弟をやっつけてくれたから、スーッとした」とウチのオヤジがよく言っていました。当時の日本人の素直な気持ちだったんでしょうね。

さて、そうやって日本のプロレスを作った力道山は、39歳で非業の死を遂げるわけですが、次の章ではそのへんの経緯や謎にもふれながら、私たちが目撃したプロレスのど真ん中に立っていたあの二人の話をたっぷりしていきましょう。

第一章

馬場と猪木

――もし二人が闘っていたら……

馬場と猪木がタッグを組んだ蜜月時代

二宮　さて、私たちにとっての昭和プロレスと言えば、何と言ってもジャイアント馬場とアントニオ猪木です。二人の師匠である力道山は別格として、この二人は個性もプロレススタイルも正反対。それがよかったんでしょうね。

小佐野　そうですね。力道山で言えば、力道山と木村政彦の有名な試合がありますよね。

二宮　1954年12月22日のいわゆる「昭和の巌流島」。力道山が一方的に木村をボコボコにしてしまった試合ですが、その後、いろいろな〝密約〟が明らかになります。

小佐野　そのボコボコにしているシーンが有名ですが、あの試合を初めからちゃんと見ると、試合の組み立て方などプロレスラーとしての技量も力道山のほうが全然上。その上で最後にあの展開ですから、前章で語ったように、興行師としての側面を考えても、やっぱり力道山は凄かったんだと思いますね。

二宮　その力道山の遺伝子をどのような形で馬場と猪木が受け継いだのか……。

小佐野　まず猪木の話からすると、僕はレスラーとしての猪木の全盛期は、76年のあのモハメド・アリ戦より前だと思っているんです。アリ戦以降、猪木は異種格闘技戦を盛んにやるようになるんですが、実は、アリ戦の頃にはかなり消耗していて、そこからは違う世界に行ってしまったなと思っています。

二宮　猪木の全盛期をいつとするのかは難しい問題ですね。それこそクリス・マルコフと『ワールド・リーグ戦』で戦った69年からしばらくの間、アスリートとしてはピークでしょうね。ただ、猪木には格闘家としての顔もある。それらすべてを含めてプロレスラー・アントニオ猪木なんでしょう。

小佐野　僕は、猪木の純粋なプロレスラーとしての全盛期はビル・ロビンソンとやった75年末までだと思います。当時32歳でした。

二宮　歴史を整理しておきますと、力道山の誘いで日本プロレスに入団した猪木は、66年にアメリカでの武者修行を終え帰国すると、豊登とともに東京プロレスを旗揚げします。俗に言う〝太平洋上の略奪〟ですね。しかし、東京プロレスは猪木と豊登の対立もあって長続きしませんでした。結局、猪木は日本プロレスに復帰します。

ここから馬場と猪木の両雄が力道山から受け継いだ日本プロレスを盛り上げていくわけですが、両者はインターナショナル・タッグの王者としても競い合いました。いわゆるBI砲ですね。その後、猪木は新日本プロレス、馬場は全日本プロレスの総帥として興行面で火花を散らします。

それからかなり経った79年8月26日に『夢のオールスター戦』で馬場と猪木がタッグを組みますが、それまでの間、二人は一度も話をしたりすることはなかったんでしょうか。

小佐野　なかったと思います。ああ、猪木に「日プロで別れてしばらくして、大阪のロイヤルホテルのお茶を飲むところで偶然会った」と聞いたことはありますけど。

猪木が抱いた大木へのシンパシーと馬場への思い

二宮　猪木と馬場が去った日本プロレスを支えたのが大木金太郎です。しかし、BI砲が去った日本プロレスを支えるのは困難です。大木は74年10月10日、蔵前国技館で猪木の持つNWF世界ヘビー級選手権試合に挑戦します。結果は猪木が勝つのですが、試合後二人は抱き合います。大木の涙が印象的でした。大木は猪木のデビュー戦の相手ということもあり、二人の間には周囲にはわからないシンパシーがあったんでしょうね。

小佐野　猪木に取材した時に、二人は合宿所の同じ部屋に住んでいた時代があって、「昔は仲良かったんだよ」って言うんですよ。「あの人は韓国から密航してまで日本でひと旗揚げようとした根性を持っているし、俺は家族でブラジルに渡ってひと旗揚げようとした経験もあるから、馬場さんよりも大木さんのほうにシンパシーを感じていた」と言っていましたからね。韓国式の焼き肉を教えてくれたのも大木だったそうです。

二宮　馬場が田中米太郎を相手にデビュー戦で勝利しているのに対し、猪木は大木に敗れた。馬場と猪木に対する力道山の育成法の違いがはっきりわかりますね。エリートと雑草という位置付けです。

小佐野　先ほど話に出たように、猪木は66年に日本プロレスを離れて、東京プロレスを旗揚げしますけど、その時点からプロレスに対する考えは馬場と全く違ったと思います。だから、猪木は人間的な部分に関しては馬場のことを悪く言わずに「5歳上の兄貴みたいな人だ」という言い方をするんですけど、馬場のプロレスに関しては全否定に近いですからね。

二宮　僕も猪木にインタビューした時に「馬場さんの何が嫌いなんですか？」と真正面から疑問をぶつけてみたことがあります。そうしたら、「馬場さんのプロレスを見ていると、「今日の（客の）入りだと（収入は）このくらいだな。プロレスはいい商売だ』という感覚を感じるんだ」って言っていました。

小佐野　それはいまだに言いますよね。「馬場さんのプロレスは金勘定しているプロレスだ。常に金勘定している感じは、俺はちょっと」と。

二宮　実際、猪木にそう言われてから、馬場の姿を追うと、例えばタッグマッチで馬場がエプロンに控えているとき、会場を見回して客の数を数えているように見えなくもなかった。あれは気のせいでしょうか（笑）。

小佐野　やっぱり経営者だからそれは気になるんでしょうけど、それが見えてしまうのは下手なところですよね。見てないフリをすればいいのに（笑）。ただ、そう言う猪木も、実は客の入りは気にするんですよ。入りが悪いと、担当の営業マンは「なんだこの入りは！」って怒鳴られたという話ですからね。

二宮　そうなんですか。それは「俺たちレスラーが骨身を削って戦っているのに、営業は何をやっているんだ！」という叱咤じゃないんでしょうか。

小佐野　象徴的なのは、馬場はいつも試合前から売店に座ってサインをしていましたが、猪木は試合まで絶対に姿を見せない。メインイベンターとして、インパクトを考えると試合まで客前に姿を見せたらいけないという考えがあったと思うんです。

二宮　プロレスラーのプロ意識というのも妙な言い方ですが、タッグマッチでエプロンに立つ猪木の姿は美しかった。タッグロープにたるみが見られなかった。いつでも飛び出すぞと。猪木にすれば、それに比べ馬場さんは楽な商売をしていると……。

小佐野　猪木の考えはずっと変わっていないと思います。僕が猪木に「馬場さんは金勘定のプロレス。馬場さんにとっては最高のビジネスだったんでしょう」と聞いたのは2年前（18年）ですから。

ただ、その違いが悪いことだったかと言えば、二人がお互いに張り合って、全然違うプロレスをやってきたから、僕らもいろいろなプロレスを見ることができて、楽しめたということだと思うんです。同じ方向を見ている人たちだったら、狭い範囲でのプロレスしか見ることはできなかったですからね。

もし馬場と猪木が闘っていたら……

二宮　確かに、その違いがプロレスの見方に幅を生んでいたのは確かです。

力道山と木村政彦は実は3試合をやる予定だったという説がありますが、馬場と猪木が3回やったとしたら、どうなっていたと思いますか?

小佐野　仮に全日本と新日本に分かれた時代にそういう話が持ち上がったとしても、馬場は猪木を信用していませんでしたから、最初に自分が有利になるような条件を出したと思います。

二宮　当然、二人とも力道山と木村の試合のことは知っているわけだし、何が起こるかわからないリスクがあることは承知していますよね。そのリスクは猪木よりも馬場のほうが高いでしょう。

小佐野　年齢の違いを考えたらそうでしょうね。でも、もし猪木が何か想定外のことをやってきたら、馬場側のセコンドが乱入して試合を壊してしまうでしょう。それがプロレスの掟です。そんなことになって、せっかくの馬場・猪木戦が変な形で終わってしまったら、二人の問題だけでは済まないでしょう。プロレス界全体がダメになっていたかもしれないし、そういう意味では実現しなくてよかったかもしれないですね。

馬場は亡くなってしまったからわからないけど、今となっては猪木もそう考えていると思う。まあ、馬場は初めからやる気はなかったでしょうけど。

実は器用な人だった馬場

二宮　でも、あの二人、若手の頃は前座で闘っています。たしか馬場の全勝だったでしょう。

小佐野　馬場の16戦全勝です。ただ、正統派のイメージの馬場も意地悪な裏技をかなり知っていたのも事実です。僕、輪島大士がプロレスに転向した時に、ノースカロライナのネルソン・ロイヤルのジムで、馬場が輪島に裏技を教えているのを見ていましたからね。輪島は元横綱だから無様な真似はできないし、相手がナメて何か仕掛けてくる場合もあるからって。

二宮　馬場の師匠はアメリカ修行時代のフレッド・アトキンスでしょう。アトキンスと言えば、力道山が一目置いたほどのレスラーです。オーストラリアの鉱夫上がりでストリートファイトにも強かったと言われています。馬場はアトキンスの遺伝子も受け継いでいたはずです。

小佐野　あの時代のレスラーだから、裏技が全くできないわけはないんですよ。まして、人種差別の激しい時代のアメリカでトップを張っていたわけだし、中には意地悪な奴だっていたはずで、対処法としてある程度は身につけておかないといけないですから。

二宮　余談ですが、馬場をアスリートとして評価した場合、「巨体だから不器用」というイメージがありますが、これは、全く逆なんです。プロ野球選手時代の彼のことを調べれば、それははっきりとわかります。

馬場は三条実業高を2年で中退し、55年1月に巨人に入団します。仕度金が20万円、初任給が1万5000円です。56年8月25日、一軍で初めて対戦したバッターは阪神の吉田義男。吉田さんは僕にこう言いましたよ。「ボールが速い上に重い。しかも角度があり、おまけにコントロールもいいときている。僕は真っすぐを詰まらされてセカンドゴロでした。こんないいピッチャーが、なぜ一軍で投げてこないんやろうと不思議に思ったことを覚えています」と。

では、なぜ馬場は一軍で使ってもらえなかったのか。僕の取材に、馬場はこう答えました。「当時はね、僕が新潟出身のプロ野球選手第1号だった。だから先輩がいない。特に巨人は関西や中四国、九州の名門校出身者が多いから、そういう地区出身の選手なら先輩の伝手を頼ることができる。僕はそれができなかったんだ。ある時、二軍の選手皆で〝コーチや監督への贈り物はやめよう〟と決めた。その頃は故郷からお歳暮を贈る習慣がまだ残っていた。僕はそうした人間関係に無頓着だったから、そういう面では他の選手に後れをとっていたかもしれないね」と。

実は、新潟出身の巨人第1号というのは馬場の誤認なんですが、巨人で活躍した新潟出身者はそれまでいなかったので、馬場の記憶違いも仕方ありません。コーチや先輩に恵まれなかったということもあるでしょう。

小佐野　それは僕も聞きました。だから、後に全日本プロレスのレフェリーになった和田京平は「京平、ゴマはすれ」と言われたり、天龍源一郎も「そういうことも社会では大事なんだ」と教わったそうです。

二宮　昔、千葉茂さんに聞いた話では、馬場の二軍の成績がいいから使おうと思ったけど、他のピッチャーが意地悪したらしいんですね。シートバッティングで馬場が投げたとき、普通に打つと思っていたら若いバッターが不意にバントして、処理が間に合わなかった。そうしたら、誰かが「馬場は動きが鈍い」と。千葉はそれを見ていて「馬場は嵌められたんだよな」と思ったと言います。もちろん、その千葉さん自身が馬場は「動きが鈍く、連係プレーが下手だった」と語っていますが……。しかし馬場の側に立てば、雪深い新潟の無名校からやって来た少年に、いきなり機知に富んだ動きを求められても、それは無理ですよ。当時の巨人の連係プレーは球界の最先端でしたから。

だから、僕は馬場は巨人で失敗したとは言えないと思っているんですよ。実際、一軍ではわずか3試合ですが、防御率は1・29です。付け加えるならば、卓球も上手いし、絵も上手い。不器用そうに見えるけど、実は手先が器用な人だったと思います。それを聞いていたので、小佐野さんが言っていた裏技を知っていたという話も理解できるんですよ。野球でも変化球が良かったと言いますからね。不器用だったら精度の高い変化球をそうは投げられない。だって、あの体であそこまで動ける日本人は今までいなかった。

小佐野　馬場はあの時代における奇跡的とも言えるフィジカルエリートですよ。晩年のスローモーなイメージが強いですけど、日本プロレスの全盛期の映像を見たらびっくりしますよ。足も太いし、背筋も僧帽筋も凄い。

二宮　全盛期に今で言う総合格闘技をやっていたら、それこそ無敵だったんじゃないかとすら思えてしまう。

小佐野　ボディシザーズが得意だったらしいんですよ。渕正信は馬場から「スパーリングで猪木からも大木からもボディシザーズで1本取った」って聞いたことがあると言っていたし、実際にジャンボ鶴田が馬場のボディシザーズでギブアップするのを見たことがあると言ってました。

二宮　あの強靭な足腰も巨人時代に培われたものなんです。これは馬場とバッテリーを組んでいた加藤克己というキャッチャーから聞いた話ですが、谷口五郎という投手コーチにしごかれまくったと。多摩川の土手の急な坂を30回ぐらい全力でダッシュさせられたと言っていました。この〝地獄の特訓〟が後に生きたんでしょうね。

小佐野　名門巨人軍にいたという事実は、間違いなく馬場の一つのプライドでしたね。

二宮　そういう意味でも、馬場を見出した力道山の眼力は凄いですよね。

小佐野　プロ野球時代に力道山と面識があって、自分から訪ねていったようですけど、その時はブラジル遠征中で力道山は留守だった。そして、力道山が猪木をブラジルから連れて帰ってきた直後に門を叩いたので、猪木と同期入門になったということだと思います。ただ、馬場の場合は通いで給料もらっていたけど、猪木はまだ17歳で小僧扱いだった。

逆境が生んだ日本プロレス界の奇跡

二宮　入門時点では、馬場と猪木は待遇面で大きな差があった。

小佐野　ある意味、その差が二人の後の関係性を作ったとも言えますよね。

ただ、この二人が日本プロレスに同時にいたということはもの凄く大きかった。力道山が亡くなって、馬場しかいない、あるいは猪木しかいないという状況だったら、全然違っていたでしょう。そうであったら豊登が踏ん張らないといけなかったでしょうが、それでもったかどうか……。

二宮　無理でしょうね。申し訳ないけど、豊登はトップに立つような人ではない。マンモス鈴木のほうがスター性があったという話もありますから……。

小佐野　馬場、猪木、大木の三羽烏と言われましたけど、大木は年齢も上だったし、韓国の人だったので、本当の三羽烏は馬場、猪木、マンモスと言われていたらしい。実際、芳の里と馬場とマンモスでアメリカ修行に行っているし、ニューヨークで馬場と組んで試合もしている。ただマンモスはハートが弱くて、何回も脱走したらしいです。

二宮　そんなことがあったんですか。ハートが弱いのは致命的ですね。

小佐野　ただ、見方を変えれば剛毛でゲテモノに入る部類かも（笑）。どちらかと言うと怪物的で、エースになるような人ではなかったと思います。大木も猪木より10歳ぐらい上ですから、エースということになると、やっぱり候補は馬場か猪木に絞られたんじゃないですか。

二宮　馬場は巨人を自由契約になってから大洋ホエールズのテストを受けて合格します。でも、宿舎の風呂で貧血を起こし、転倒してしまう。その時、ガラス戸に突っ込み、左ヒジと右手の中指と薬指を怪我してグラブもはめられなくなってしまうんです。それで内定は取り消し。事故の第一発見者は近藤昭仁さん。詳しく聞いたんですが、血だらけの馬場を数人がかりで救急車に運んだと言っていました。

小佐野　そうなんですか。後に娘さんが新日本プロレスの中西学と結婚しましたよね。

二宮　近藤さんによると、ガラス戸が粉々になっていたそうです。意識はあったけど、とても話しかけられる状態ではなかった。馬場はまだ22歳だからショックだったでしょうね。

小佐野　そんな逆境からプロレスに飛び込んできたんだから、日本プロレス界にとっては奇跡ですよね。

二宮　馬場は巨人時代に脳腫瘍の手術も受けています。5m先に立っている人物がわからなくなり、キャッチャーかホームベースか判断できなくなったそうです。

小佐野　そのとき按摩《あんま》になりなさいと言われたということですよね。

二宮　それを告げたのは、飯田橋にある警察病院のドクターです。手術をしても完治する可能性は1%だと言われたそうです。しかし、捨てる神あれば拾う神あり。今で言うセカンドオピニオンですね。東大病院で清水健太郎という名医との出会いが馬場の運命を変えます。頭蓋骨に穴を開けて腫瘍を切除した。「生きているとわかったとき、嬉しくて涙がぼろぼろこぼれたよ」と馬場は語っています。

小佐野　そういった一連のことがなければ世界のジャイアント馬場は生まれていなかった。そして、馬場がいなければ猪木もあれほどのレスラーになっていなかったかもしれない。まさに歴史のアヤだったと思います。

馬場と猪木――対立の始まり

二宮　話を進めると、猪木が『第11回ワールド・リーグ戦』を制した69年は昭和プロレスにとって一つのエポックです。力道山、豊登の時代が終わった66年からの『ワールド・リーグ戦』は馬場が3連覇していたのに、ここで猪木が初優勝した。

小佐野　結局、馬場と猪木の対立が本格的に始まるのは、その69年からなんですよ。66年に猪木が東京プロレスを旗揚げした当時からもあったんですけど、その当時の両者の立場は天と地ほどの差があった。

では、なぜ69年が対立元年かと言うと、この年の7月2日からNET（現在のテレビ朝日）で『ワールドプロレスリング』がスタートしたからなんです。それまで日本プロレスを放送していた日本テレビとの間で、馬場や坂口征二の試合、あるいはインターナショナル選手権や『ワールド・リーグ戦』の公式戦は映さないという条件があったんです。その条件を飲むことでNETの放送にOKが出た。そうなると、NETとしては必然的に猪木をエースにするしかない。日テレは馬場、NETは猪木という構図がここで出来上がってきたということですね。

猪木が優勝したのが5月16日の東京体育館大会。その数日前にNETで放送することは発表されていたんです。話はそれ以前から進んでいたはずですから、猪木を担ぐグループとしてはなんとしても猪木を馬場と同列にしたいという思惑があったんだと思います。

二宮　日本プロレス内部に日テレ派とNET派がいたということですか？

小佐野　そうなりますね。NET派は、例えば遠藤幸吉ですね。

二宮　遠藤幸吉は役員ですか？

小佐野　そうです。役員には吉村道明も入っていて、そういう駆け引きはあったんだと思います。ただ、猪木に当時のことを聞いたら「俺は反対だったんだ。絶対に派閥が生まれるから」と言ってましたね。

二宮　でも、結果として猪木が『ワールド・リーグ戦』に優勝したことで、BI時代の幕開けとなるわけですよね。それまでは馬場のパートナーという扱いだったし、この時点でもまだ肩を並べたとは言えないけど、かなり接近してきました。

小佐野　テレビ局間の駆け引きがなかったとしても、やっぱり日本プロレスとしても2

枚看板は欲しかったんじゃないですかね。いつまでも馬場一人というわけにもいかないだろうし、猪木の格が上がれば興行的にもやりやすいでしょうから。

二宮　スターは一人でも多いほうがいいわけですからね。ともあれあの時、クリス・マルコフに卍固めというイノベーティブな技で勝ったのは大きいですよ。何しろ〝アントニオスペシャル卍固め〟ですから。

小佐野　ただ、クリス・マルコフが決勝戦に出てきたのは意外でしたね。外国人の中では2、3番手の人だったし、日本ではあまり知られていなかったですから。あの大会の外国人の本命はボボ・ブラジル、ゴリラ・モンスーンだったんですよ。

二宮　馬場は68年にインターナショナルのベルトをボボ・ブラジルに一度とられています。その頃から、馬場一強からＢＩ二極構造への模索が始まっていたんでしょうか。

小佐野　どうでしょうね。ただ、少しアクセントをつけないと飽きられるという考えはあったかもしれないです。ただ、どちらにしても馬場をエースにしておかないと興行的には無理な時代だったと思います。

謎多き力道山の死

二宮　ところで、仮に力道山が生きていたら、誰を跡目に考えていたんでしょうか？歴史にイフは禁句ですが……。

小佐野　おそらく考えていなかったと思います。自分一代でいいと思っていたんじゃないですか。自分が引退してさらに栄えたら「自分はなんだったんだ」ってなっちゃうだろうし。本人は実業家になっていましたから。

二宮　力道山が赤坂のナイトクラブで暴力団員に腹部を刺されたのは、63年12月8日です。その1週間後の15日に絶命するわけですが、手術をした山王病院は「全治2週間」と発表しているんですよね。いったい7日の間に何があったのか……。

小佐野　その当時取材していた記者の人に聞いたことがあるんですけど、押山保明広報部長が毎日夕方になると「今日の力道山は良好でした」と〝大本営発表〟していたらしいです。

その一方で、日本人女性と婚約して、シリーズ終了後も日本にいたバディ・キラー・

オースチンが力道山の見舞いに行って「リキは鼻にチューブを入れていて大変そうだ」と言っていたと、発表とは全然違う話が入ってくる。当時の記者たちは「オースチンの言っていることのほうが本当なんだろうな」と思っていたらしいです。

二宮　力道山は豪快な人だからサイダーやコーラをラッパ飲みして症状を悪化させたといった噂が立ったのを、当時、付き人だった猪木は「先生は用心深い人だからそんなことは一切しない」と否定しています。敬子夫人も自著『夫・力道山の慟哭』でサイダーやコーラについては「私の知るかぎりありえないことです。本人も先生の教えは守る人ですし、「いつまでもここで寝ているわけにはいかない。早く治したい」と口癖のように言っていましたから。『退院したらビールが飲みたい』という言葉が誤解を招いたのかもしれません」と述べています。

小佐野　都市伝説的なものですよね。

二宮　大木金太郎にいたっては、陰謀論に近いですね。

「(力道山) 先生は民族統一問題に対して日増しに関心を深めていた。１９６３年１月には韓国を極秘に訪問したあと、金日成主席に親書と高級外車を贈ったりした。先生は祖国統一を望む民族主義者へと変身していった。（中略）こうした急激な南北朝鮮統一機運が生まれることに不安を感じた日本国内の目に見えない勢力が、先生を暴力的に排除したという見方だ」（自著『自伝大木金太郎 伝説のパッチギ王』）。これも都市伝説ですね。

小佐野 大木はその頃アメリカにいて日本にはいないので、本当のことはわからないと思います。もう、いろんな話が出てきますよ。亡くなる前に3本の指を立てた。それは「馬場と猪木と大木でプロレスを守っていけ」という意味だったとか、「妻（敬子夫人）と2人の息子（義浩、光雄）を頼む」という意味だったとか、いろんな説がある。

二宮 南北朝鮮と日本の3カ国で仲良くしようという意味での3本指だったという話もあります。力道山の死は戦後史の謎の一つですけど、本当はニューラテンクォーターに行く予定じゃなかった。その前に自宅で元横綱の前田山（高砂親方）と一緒に飲んでいて、同席していた猪木を相撲部屋に入れて修行させるなんて話もしていたんですよね。

小佐野 その話は僕も猪木から聞きました。褒めたことのない力道山が、その席では上機嫌で俺のことを褒めてくれたって。

二宮 その後、赤坂のコパ・カバーナに行く予定だったのが手違いがあって、急にニューラテンクォーターに行くことになった。そして事件に遭遇する。運命のいたずらなんでしょうが……。

もし力道山が生きていたら……

二宮　話を戻すと、力道山は巨人から来た馬場をエースに育てようとした。でも、猪木を放っておいたわけではない。自分の手元に置いて育てようと。猪木には相撲部屋式のスパルタが合うと考えていたみたいですね。

小佐野　猪木は力道山にとって本当の内弟子ですからね。ただ、猪木の不満はアメリカに出してもらってないということなんです。やっぱり当時は海外修行が一つのステイタスで、メインイベンターへの第一歩でしたからね。

その時点で馬場はもう2回もアメリカに行って、世界の馬場になってるわけですよ。一方で猪木はまだ日本にいて、ただの若手だし、力道山に奴隷のようにこき使われていた。そういう忸怩たる思いがあったんでしょうね。ただ、力道山にしてみれば、猪木は気が利くし、身近に置いておくと便利だと思っていたのかもしれないですね。上の人ってそういうところがあるじゃないですか。

二宮　「人を見て法を説け」という言葉がありますが、力道山は馬場には馬場、猪木には猪木の指導法、育成法があると考えていたんじゃないでしょうかね。プロ野球でも即戦力のドラフト1位と将来性を買っての6位とでは違います。ただ、猪木にしてみれば靴ベラで毎日殴られ、奴隷のように扱われることに対する不満はあったでしょうね。

小佐野　それはあると思います。いろいろあっても猪木が豊登のことをずっと嫌いにならなかったのは、付き人時代のつらい時期に慰めてくれたこと、それと豊登体制になってすぐにアメリカに出してくれたことが大きいと思いますし。

二宮　なるほど。そういうことがあって、豊登が猪木に声をかけ、東京プロレスを旗揚げした。人間関係の為せるわざですね。

小佐野　「寛至、お前を社長にするから」と口説かれたようですね。あの時代の人間関係の話は亡くなっている人も多いし、生きている人もみんな自分の都合のいいようにしか話しませんからね（笑）。誰かが言っていましたけど、「生きているもん勝ちだ。生きてる者がしゃべることが真実になる」って（笑）。

二宮　そう考えると、先に小佐野さんが言ったように、力道山が後継者まで考えるということはありえなかったでしょうね。一度、頂点に立つともう降りられない。ボスザルの晩年の悲哀を見るようです。

小佐野　仮に自分がリングを降りてプロデュースする側に回っても、元々がプレイヤーですから、馬場や猪木が自分より名声を得ることは許さなかったでしょうね。だって、馬場も力道山が生きている間、脳天チョップは使わなかったわけですからね。

ただ、少なくともああいう形で日本プロレスが分裂することはなかったと思いますね。言われているように、当時の幹部たちが本当に堕落していたのかはわからないけど、力道山がいたら組織もビシッとしていたと思いますし。

結局、僕らが見てきたのはその後の馬場と猪木の対立の歴史なんですよ。猪木が「実力日本一」を主張すれば、馬場は日本人で初めてNWA世界ヘビー級王者になる。そうしたら、猪木が今度は格闘技世界一だと互いにガンガンやり合ったことが、僕らにとってはたまらなく面白かったわけですから。

猪木追放事件の真相とは？

二宮　そもそも猪木の日本プロレス追放事件の真相もよくわからないですね。皆さん、それぞれの立場で、それぞれの主張をしていますが、根っこには現役組の不満があった。俺たちが稼いだカネが幹部に浪費されていると。こうした対立の構造は、今も時々見られます。いわば、お家騒動こそがプロレス界のお家芸ではないかと……。

小佐野 71年の年末の事件ですね。みんな言うことがバラバラで真相がわからないことが多いんですけど、事実として言えることもあります。

まず、馬場と猪木で日本プロレスを改革しようとしたこと。これは事実です。そして、その間に入っていたのが上田馬之助だった。これも事実なんですよ。

その年の3月に馬場と上田が台湾にプロモーションに行って、その時に二人が仲良くなった。で、元々猪木と上田は仲がいい。そこで「このままじゃ日本プロレスがダメになる」という話になって、上田が間に入って馬場と猪木を引き合わせ、改革しようという話になったようです。

二宮 先にも話に出ましたが、当時の社長は芳の里ですよね。

小佐野 そうです。吉村道明や遠藤幸吉が幹部だった。

それで先ほど話したように、当時は日本テレビとＮＥＴの2局で放映していて、興行もお客さんが入っていたし、お金はわんさかあると。でも、そのお金を幹部たちが全部持っていって、レスラーにちゃんと分配されてないんじゃないかという疑惑があった。本当かどうかは別として、金庫から金を鷲づかみにしてよく銀座に飲みに行っていたとか、そういう話もあったようです。

そういった行状をどうにかならないかということで、猪木の後援会事務局長で猪木の個人会社アントニオ・エンタープライズの代表取締役でもあった木村昭政なる人物が「私が調べましょう」となったんです。最初は経理担当役員の遠藤を槍玉に挙げて糾弾し、芳の里から委任状を取って書類を持ち出したりしたんだけど、そのうち、実は正義ぶった猪木が会社の定款を全部替えて、自分が日本プロレスの社長になって、相撲出身者を全員追い出そうとしているという話がレスラーに伝わって、猪木が孤立したという話なんですね。

二宮　当時は力士上がりのレスラーが多かったですからね。

小佐野　そういう話を全部ぶちまけたのも力士上がりの上田で、それで展開が変わった。その時、猪木を追放したのは日本プロレスの幹部連中ではなくて選手会なんですよ。選手会長は馬場だったんですが、馬場も猪木とつるんでいたじゃないかと突き上げられて、責任を取って会長の座を辞任させられるんです。そこで新たに選手会長になった大木が急先鋒になって猪木追放を選手会で決議したんですよ。

二宮　そして、そうしたカオスの中心にいたのが猪木。猪木が天才だと思うのは、喧嘩別れした人――上田もそうだし大木もそうですが、後にみんな新日本プロレスのマットに上げますよね。恩讐を乗り越えて、いや恩讐すら利用してリングで再び相まみえる。猪木は器が大きいというより、器そのものが存在しないように思われます。

坂口が許せなかった人

小佐野　そのへんは本当に不思議なんです。猪木は自分を追放した大木のことを全然恨んでないですからね。そもそも韓国から来た大木に、ブラジルから帰ってきた猪木はシンパシーを感じていたのがよほど大きいんでしょうか。大木が亡くなった時もすぐに韓国に行きましたからね。

日本人的な感覚だったら許せないと思います。事実、新日本プロレスに大木が上がるとなった時、坂口は大木を許せず、「ダメだ」と言ったんですから。それは猪木が去った後の日本プロレス末期にあった新日本プロレスとの合併話が原因なんです。

順を追って話すと、猪木に続いて馬場も日本プロレスを出て、日本テレビと一緒に全日本プロレスを立ち上げます。そして、日テレから放送を打ち切られていた日本プロレスは低迷するんですが、それを打開しようと坂口が猪木と話をしたんですよ。

そこで、両団体を合併させて「新・日本プロレス」という団体を作り、NETが放送するという話になった。73年2月6日に記者会見もしています。ところが、大木が反対して話をぶち壊してしまったんです。

結局、これが原因で坂口も日本プロレスを離脱し、新日本に移籍。NETも日本プロレスの放送を打ち切って、新日本プロレスを放送するようになったんですが、その過去があるから、新日本で新たに開催されるようになった『ワールド・リーグ戦』第2回大会（75年）の試合は、もうグッチャグチャだったんですよ。後に坂口に聞いたら、「あの当時の大木さんが絡んだ新日本の韓国遠征に俺は1回も行ってない」と言っていました。

大木と坂口が和解したのは、それから30年以上経った2006年です。坂口に聞いたんですが、この年の2月に体調を崩している大木を励ます『大木金太郎さんを囲む会』が東京都内の中華料理店で催され、そこで大木に「坂口、頑張れよ」って声をかけられて、積年の思いが氷解したと言ってましたね。大木が亡くなったのは、その8カ月後の10月26日でした。

二宮　坂口はプロレス界では珍しいほど常識人のようなところがあるじゃないですか。その坂口が許せないというのだから、よほどのことがあったんでしょうね。

小佐野　和解前にも仕事でしゃべる機会はあったかもしれないけど、「俺は許してなかった」と坂口ははっきり言っていましたから、いろいろな思いがあったんじゃないですかね。

第二章

馬場と猪木

——対立と挑発の果てに

新日本＝猪木・坂口、全日本＝馬場はこうして誕生した

二宮　ともあれ、いろいろあった中で猪木は新日本プロレスを作った。その一方で馬場も日本プロレスを飛び出し、全日本プロレスに移籍する。

小佐野　全日本を作ったのは事実上、日本テレビですよ。

二宮　さっきも話に出ましたが、結局はＮＥＴが日本プロレスを放送し始めたことに起因しているんですよね。ＮＥＴは猪木の試合だけで、馬場の試合は放送しないという約束を日テレとの間でしていた。それを猪木の離脱後にＮＥＴが破ってしまったということですね。

小佐野　そうです。馬場の試合をＮＥＴが放送してしまったことで、日テレとスポンサーの三菱電機が怒った。結局、猪木が日本プロレスを追放されて、坂口をエースにして放送しても視聴率は取れない。ＮＥＴにしてみれば、「ふざけんな！」となりますよね。

二宮　猪木の追放自体は日プロ側の事情で、ＮＥＴは無関係ですからね。

小佐野　ＮＥＴにしてみれば、こういう事情なんだからしょうがないでしょうと、なし

崩し的に馬場の試合を放送し、日テレも黙認してくれるだろうと思ったんです。ところが、当然そうはならない。日テレは怒るわけですね。それで日プロの放送を打ち切ってしまい、馬場に新団体を作らせるという動きに出た。当時の日テレの小林與三次社長には「プロレスは初代・正力松太郎社長の遺産だから続けなきゃいけない。そのためには力道山の本流を受け継ぐ馬場でなくてはいけない」という思いが強く、馬場を口説き落としたわけです。

二宮　今のテレビ朝日、当時のNETの正式名称は「日本教育テレビ」でした。関東4番目の民放として免許を取得するのはハードルが高く、郵政省から番組の半分以上を教育系のものとするよう条件を課された。さらには教養番組も30％以上。しかし、さすがにこれでは視聴率がとれない。そこで、プロレスはスポーツ、スポーツは教育という理屈をつけ、プロレス中継を始めたと当時の幹部から聞いたことがあります。

小佐野　その通りだと思います。だから、なぜ新日本の猪木と日プロの坂口がくっついたのかと言うと、日テレが馬場を獲得して全日本を作ったからなんですよ。

馬場も猪木もいなくなったNETは視聴率が取れなくなってしまった。だから、なんとしても巻き返したい。そこでNETは、ノーテレビで今にも潰れそうだった新日本の猪木と、ボロボロの日プロのエースだった坂口を合体させたんです。当時のNETの三浦甲子二専務、辻井博編成局長が「お前らがくっついてくれたら、一生面倒を見る」と言ったそうです。ここから、本格的な新日本と全日本の時代になっていくわけですよ。

猪木から馬場への執拗な挑発

二宮　1973年3月、ついに日本プロレスが崩壊して、新日本プロレスと全日本プロレスの対立時代に移ります。

小佐野　この頃が猪木と馬場の対立のピークですよね。

二宮　猪木は馬場に対して、執拗に「俺と戦え！」と挑戦状を出したりしていましたよね。でも、興行的なことを考えたら馬場が受けないのは猪木もわかっている。それでも挑発し続けることで猪木は反体制派のリーダー的地位を得ましたよね。

小佐野　馬場・猪木戦はバックがテレビじゃなかったらできたと思うんですよ。でも、NETと日テレというテレビ局がそれぞれの団体を牛耳っているわけだから、テレビ放映は絶対にできないですよね。

二宮　追う猪木、逃げる馬場。こういう図式は猪木にとってプラスですよね。世間はテレビ局の都合なんて詳しくは知らないわけですから……。

小佐野　自分のほうが馬場より上だというところを見せたい、馬場を超えたいという気持ちはあったと思います。だから、後年、猪木にインタビューした時に、「馬場さんにずっと挑戦されていましたけど、本当に実現すると思っていましたか？」と聞いたんですよ。

二宮　なんて言っていました？

小佐野　「いやぁ、実現しないよ、そんなもん。でもまあ、どっちが強いかなんて、やらなくたってわかってるから、やらなくてもよかったんだよ」と、そういう言い方をしたんですよ。

二宮　ただ不思議なことに、猪木が追いかければ追いかけるほど、馬場が王者に見えるという不思議な現象も起きました。馬場の人柄なのでしょうが、デンと構えているから、あまり逃げているようには映らない。アンチ猪木が馬場派に流れ込んでいるようにも見えました。

小佐野　どうでしょうか。あの当時の世間の感覚だと「追う猪木」「逃げる馬場」といった感じのほうが優勢だったような。馬場も正論で反論すればいいのに、黙殺してしまうから逃げているように見えるし、マスコミもそういう書き方をしたんですよ。マスコミの書き方には、馬場も相当頭にきていたみたいです。

だから、79年に当時の団体の垣根を越えた『夢のオールスター戦』を開催するという話が持ち上がった時、馬場が「クリアすべき問題がある」と言ったのは、そのことなんですよね。「今まで猪木が俺に言ってきたことをどうしてくれるんだ？　そこをないがしろにはできないよ」と。

二宮　なるほど。猪木とモハメド・アリが異種格闘技戦をやったのが76年ですよね。僕の記憶だと、そのあたりから猪木は馬場に「俺の挑戦を受けろ」とヒステリックに言わなくなりましたよね。

小佐野　言わなくなりましたね。

二宮　世界的なステイタスを持つアリと闘い、猪木は別のステージに上がった。今さら、〝打倒馬場〟でもないだろうと……。それにアリ戦により台所は火の車となってしまった。

馬場から猪木へのしっぺ返し

小佐野　実はアリ戦の前年の年末に『全日本プロレス・オープン選手権大会』の一件があって、それから言わなくなったんですよ。

二宮　75年の12月に全日本プロレスが開催した大会ですね。海外からオールスターメンバーが集まりました。

小佐野　そうです。国内の他団体にも門戸を開いて、国際プロレスからラッシャー木村、グレート草津、マイティ井上が出場した。そして「猪木が出るなら受け入れる」とぶち上げた。要するにこれは、猪木を潰すための大会だったんですよ。

大会にはドン・レオ・ジョナサンやバロン・フォン・ラシク、ホースト・ホフマン、ハーリー・レイス、デイック・マードック、パット・オコーナー、ミスター・レスリング（ティム・ウッズ）、デストロイヤーなどガチンコに強いメンバーが参加して、もし猪木が参戦してきたら、彼らを次々とぶつけて潰すつもりだったんです。

二宮　馬場はそれとなく猪木に参戦を呼びかけましたね。本気かどうかはともかく。

小佐野　それまではずっと猪木が馬場に対戦を求めてきた。そこで馬場は、広く門戸を開放して、どこの団体の選手でも参加できますとアナウンスしたんです。だから、猪木がもし俺と戦いたいのなら、これに参加すれば戦える可能性はありますよと。馬場から猪木へのしっぺ返しですよね。

でも、猪木にしてみれば、あくまでも馬場と日本選手権をやりたいのであって、そんなものに参加したいわけではない、となりますよね。

二宮　結果的にプロレスで言うオポジション（敵対勢力）の興行に手を貸すことは常識的にはありえない。一方の全日本・日テレサイドも猪木が「出場する」となったら扱いに困ったんじゃないでしょうか……。

小佐野　どう処理しようとしたのかはわからないんですけど、『オープン選手権』は日テレの原章プロデューサーも絡んでいるんですよ。だから「もし他の団体の選手が参加して、他の団体に付いているテレビ局が放映したいという申し入れがあった場合には、日本テレビが撮影したビデオテープをお貸しする用意もあります」と、猪木に参加を促すようなコメントをしていました。

そういう裏事情も絡んで、あの『オープン選手権』はリーグ戦でもなければ、トーナメントでもない、非常に不透明な大会なんですよ。

二宮　人数的に総当たり制は難しい。そこで大相撲方式を採用したんですが、あれはいいアイデアでしたね。

小佐野　結局、猪木が出てきた場合を想定していたということですよね。もし、本当に出てきたら、誰を当てるかの問題が出てくる。ただ、馬場の目的は猪木を黙らせることだったので、出て来ないでよかったんです。

二宮　出場しない前提だったんですね。

小佐野　あのメンバーを揃えたら、出てこないでしょう。「もう俺のことは口に出すなよ」という、馬場からのメッセージが届けばそれでよかったんだと思います。ただ万が一、出てきた場合に備えてマッチメイクは考えていた。馬場、日テレの原プロデューサー、そして馬場のブレーンだった森岡理右氏——当時はベースボールマガジン社顧問で、のちに筑波大学教授になるんですけど、この3人で「初めにこいつを当てて、これを突破したら次はこいつを当てる」とかって、決めていたと言っていましたね。

力道山十三回忌大会の罠

二宮　なるほど。たしか同じ時期に、力道山十三回忌の大会（力道山十三回忌追善特別大試合）もありましたね。

小佐野　『オープン選手権』のシリーズ中に、日本武道館で開催された全日本とは別の大会です。『オープン選手権』は全日本プロレス創立3周年、力道山十三回忌追悼、アメリカ建国200年と、いろんな記念を冠にして開催され、力道山の十三回忌は12月11日に百田家主催という形で別にやっている。だけどメンバーは同じです。

猪木は同じ年の10月9日に蔵前国技館で、ルー・テーズと試合をしているんですが、そこに力道山の未亡人の田中敬子さんの後見人の山本正男氏がやって来て「十三回忌の大会に協力してくれ」と要請されているんです。そのリングは全日本じゃなくて力道山のリングなんだからということですよね。ところが猪木は同じ日に、蔵前国技館でビル・ロビンソンとNWF世界ヘビー級王座のタイトルマッチをすでに組んでいたんです。

二宮　興行戦争勃発ですね。猪木は「力道山先生から、『寛至、お前はよくやったな』

と言われるような試合をやりたいんだ。向こうは花相撲じゃないか」みたいな言い方をしていましたね。逆に言えば、猪木包囲網が効いていた証拠とも言えます。

小佐野　猪木にしてみれば、話はついていたはずなんですよ。それなのに「なぜ出ない。恩知らず。力道山門下から破門だ」となってしまったのだから「俺をバッシングするための百田家と馬場の出来レースだ」ってことになりますよね。

あの時期は、馬場が攻められる側から一転して猪木を攻めていた時期なんですよ。というのは、猪木は74年3月19日に蔵前国技館でストロング小林とやって勝ちました。大木金太郎との試合も同じ年の10月10日なんです。要するに、こういう日本のトップどころの選手たちと戦うことで「馬場が逃げている」というイメージを作ってきたんです。

ところが馬場は75年、韓国で挑戦表明を受けた大木にその年の10月30日に蔵前国技館で戦って勝っています。そして、『オープン選手権』の話になるんですよ。ここで猪木に対して「さあ、来ますか？　どうしますか？」という挑発をする。さらに力道山の十三回忌があり、「うちは喜んで協力します。えっ、猪木は協力しないの？」という形で反撃したんです。

話を戻すと、75年の『オープン選手権』以降、猪木の馬場への挑発がなくなったのはなぜかと言うと、そこでまた言い出したら「じゃあ、なぜオープン選手権に出てこないんだ?」となるじゃないですか。

だから、馬場と猪木の対立の論争があったのは、75年の『オープン選手権』まで。その後、『夢のオールスター戦』で蒸し返されたぐらいで、それ以降はないです。

小林、大木も絡んだ馬場と猪木の対立

二宮　先ほど74年の猪木・ストロング小林戦の話が出ましたが、このエース対決は画期的でした。要するに一本釣りですからね。

小佐野　僕らの年代にとってのプロレスブームはあの猪木・小林戦からでしょうね。

二宮　小林は国際プロレスのエースでしたよね。あれは引き抜いたんですか?

小佐野　当時、小林は国際プロレスに対して不満を持っていて、辞めたがっているという情報が流れていたそうです。それで、裏で全日本も新日本も引き抜きを仕掛けていたんですよ。例えば、新日本は猪木の右腕で「過激な仕掛人」と呼ばれた新日本の新間寿営業本部長が小林の家に日参して口説きに行く。全日本は『月刊プロレス』の藤沢久孝

アントニオ猪木vsストロング小林（NWF世界ヘビー級選手権
1974年3月19日、蔵前国技館）

編集長が口説きに行ったと聞いています。そうやって両団体とも動いていたんです。そして、最終的に新間氏が口説き落とすのに成功したということですね。

二宮　国際プロレスについてはまたあとで詳しく語りたいと思うんですが、小林はＩＷＡ世界チャンピオンで、マスクも体つきも良かった。馬場、猪木には劣るものの第三極団体のエースとして、それなりの存在感を発揮していました。

小佐野　全日本、新日本、そして国際という3団体時代でしたからね。その中で小林はアメリカのＡＷＡで活躍した実績もあったし、ＩＷＡ世界ヘビー級王座を25回連続防衛したんですよ。これは当時の馬場のインターナショナル王座の防衛記録の21回を抜く記録でしたからね。あと、猪木と雰囲気がなんとなく似ていた。

二宮　アゴが尖っていましたよね。モミ上げの雰囲気も似ていた。

小佐野　そうですね。小林はその年の暮れの12月12日にも猪木とやっているんです。そして、それを返り討ちにした猪木が、馬場に対して内容証明付きの対戦要望書を出して、改めて挑戦を迫ったわけです。一方で、馬場も74年の12月2日に日本人初のNWA世界ヘビー級王者になっている。つまり、「猪木は日本一を狙っているかもしれないけど、俺は世界一だよ」ということなんですよね。

二宮　なるほど。猪木・小林戦では、最後、猪木のジャーマン・スープレックス・ホールドで試合が決まったわけですけど、猪木の足が浮いていたのを今でも憶えています。名勝負だったと思いますが、試合前はかなりゴタゴタしていましたよね。

小佐野　そうですね。国際は引き抜かれたわけだから、当然怒るじゃないですか。だから契約違反だって言って、裁判沙汰になりそうだったんですよ。そこで間に入った東スポが違約金を国際に払うという形で決着がついたんです。そして、東スポ所属として、新日本に出しますと。

二宮　奥の手ですね。

小佐野　東スポが新聞の値段を上げる時は、必ずその前にプロレスの大きな試合があったんですよ。これは東スポにいた櫻井康雄さんから聞きました。やっぱり大きな試合が載ると新聞が売れるので、もしかしたら値段を上げようと思っていた時期かもしれないですね。

二宮　そういう事情もあったんですか。ただし試合は名勝負だった。猪木のジャーマンは足が浮いていた。完璧じゃないからこそ、心を揺さぶられるものがあった。

小佐野　当時、力道山・木村政彦戦以来、20年ぶりの超大物日本人対決だって言われましたからね。テレビ中継があった日、ちょうど僕は小学校の卒業式でした。録画中継でしたね。猪木・大木戦も録画中継だったのを憶えてます。結果は知っていたけど、テレビを観るまで新聞の記事は読みませんでしたから（笑）。

二宮　あれは緊張感のある試合でしたね。猪木は大木がガウンを脱ぐ前に殴りかかるわけです。大木は腕が袖に引っかかって反撃できない。まさにキラー猪木の真骨頂でした。ところであの一戦はどういう経緯で決まったんですか？

小佐野　73年の春に日本プロレスが潰れて、力道山家と日本テレビの仲介で対等合併という形で、大木も全日本に上がるようになった。でも、扱いが良くない。だから、その年の暮れには韓国に帰ってしまったんです。

ところが年が明けて、日本で猪木・小林戦が決まったと。すると、突如、韓国から舞い戻ってきて記者会見をやって「私はインターナショナルのチャンピオンだ。猪木・小林戦をやるんだったらその勝者、ＰＷＦチャンピオンの馬場選手にも挑戦したい」みたいなことを言い出したんです。後に馬場への挑戦のほうは引っ込めたのは、おそらく日テレとの問題があったんでしょう。

でも、そこで猪木が反応するんです。「俺を馬場より下に見てるのか？　ふざけんな！　もうお前なんか相手にしない」と怒った。そこで大木が会場に直談判に来て、ようやく猪木が受けるという形になったんです。要するに、小林戦と違って「これは喧嘩だ」という見せ方ですよね。

二宮　大木のインターナショナルのベルトは、力道山以来の由緒正しいベルト。まして大木は同胞の力道山に憧れ、日本に密入国までしてプロレスラーになったという経緯の持ち主。ベルトへのこだわりは強かったでしょうね。

小佐野　そうです。日プロが潰れた時に大木が持っていっちゃった。ただ、馬場にとってインターナショナルのベルトは凄く思い入れがある。力道山一代のベルトだったのを復活させて、そのチャンピオンになって日プロのエースになったわけですからね。

　そこで馬場は、自分が持っていたアジア・ヘビー級王座の管理権を大木に渡す代わりに、インターナショナル王座を返上させたんですよ。要は交換したわけですね。アジア・ヘビー級王座は76年に全日本で復活させたんですけど、元々は大木のトレードマークのようなベルトですから。それを77年に馬場がＰＷＦヘビー級王座とのダブルタイトルマッチで勝って大木から奪ったけど、その後は封印されていた。そこで表向きはＮＷＡからの勧告を受け入れるという形で、インターナショナル王座を81年に大木に返上させて、アジア・ヘビー級王座を大木にあげたということです。

　話がごちゃごちゃしてわかりづらいですが、要はそういった形で馬場と猪木の対立には大木や小林も絡んでいた。そして、その対立は75年頃までがピークだったということですね。

プロレス界の世界的権威、NWAという組織

二宮　昭和というより日本のプロレスを語る上でインターナショナルのベルトを抜きにすることはできません。元々、力道山はアジア・ヘビー級のチャンピオンだった。それがアメリカでインターナショナルのベルトを手に入れるわけですね。

小佐野　ルー・テーズからですね。あのベルトの経緯もややこしいんですけど、力道山が57年に後楽園球場と大阪・扇町プールでテーズのＮＷＡ世界ヘビー級王座に挑戦するんですけど、ベルトはとれなかったんです。

そこで翌58年に力道山はアメリカに渡り挑戦するんですけど、その時はチャンピオンがディック・ハットンに代わっていた。でも、日本にはロサンゼルスで力道山が世界タイトルに挑戦決定という一報が流れてしまった。そこで日本のマスコミがアメリカにいる力道山に国際電話をかけて話を聞くと「ハットンとテーズの勝者とやるということになっているが、まだ正式な契約書はない」ということだった。

そのうち、今度はテーズ・力道山戦が行われ、力道山が２―１で勝って世界チャンピ

オンになったという報道が流れてくるわけですね。ただ一方で「あの試合はノンタイトル戦だったから、世界タイトルマッチではない」という報道も流れてくる。そんな中、力道山が帰国するんですけど、ベルトは持っていなかった。

そのとき力道山はこう言ったんです。「ベルトを持ってくるとなると、テーズに金を払わなきゃいけない。何万ドルも持っていかなかったし、ベルトは自分で作るものだから、これから私が作るんだ」と。そう言って、マスコミを納得させたんです。

二宮　それで作ったのがインターナショナルのベルトなんですね。

小佐野　そうです。そもそもNWAって、各テリトリーにプロモーターがいっぱいいる連合組織なんです。その人たちが「ディック・ハットンが世界チャンピオンだと商売にならない。やっぱりテーズにチャンピオンでいてほしい」ということになった。なかでもテキサスのプロモーターで、ザ・マミーなんかを売り出したモーリス・シーゲルという人が非常に力を持っていて「テーズはアントニオ・ロッカに勝って、インターナショナルというベルトを持っているんだ」という主張をし始めた。それでテーズがインターナショナルの初代王者ということになったんです。

おそらく、ハットンが試合に行かない地区のプロモーターたちが、テーズがインターナショナルのチャンピオンだということで商売していたんでしょうね。

二宮　興行を考えたら、テーズがチャンピオンのままでいてもらったほうがいいということなんでしょうね。僕がプロレスを見始めた頃のＮＷＡ王者はジン・キニスキーで風格がありました。67年８月、大阪球場での馬場戦は日本プロレス史上に残る名勝負と言われています。まさに豪速球と豪速球の投げ合いだった。テーズからキニスキーへの王者交代というのは必然だったんでしょうね。

小佐野　それが正統なＮＷＡ世界ヘビー級王座の流れですよね。テーズ、キニスキー、ドリー・ファンク・ジュニア、ハーリー・レイス、ジャック・ブリスコというふうにベルトが移っていくわけです。

馬場がＮＷＡ世界チャンピオンになった深い理由

二宮　そのブリスコから、馬場はＮＷＡ世界ヘビー級王座を奪った。74年、鹿児島ですよね。最後はランニングネックブリーカー。よく憶えています。

小佐野　12月２日、鹿児島県立体育館ですね。まあ、ＮＷＡ世界ヘビー級チャンピオン

ジャイアント馬場、ジャック・ブリスコとの再戦でNWA世界ベルトを防衛（1974年12月5日、日大講堂）

になったということは、それだけ馬場に信用があったということですよね。

二宮　馬場には何度かインタビューしましたが、忘れられないことがあるんです。NWAは「ナショナル・レスリング・アライアンス」の略なんですが、馬場は「ナショナル・レスリング・クラブ」という言い方をする。その言い方に、自分がその組織の一員であることへのプライドを感じました。

小佐野　昔のテリトリー制のプロレスは、まさしく仲間でやっているという感じでしたからね。だから、他のテリトリーには手を出さない。例えばフロリダに一人プロモーターがいれば、競合するような人はいらない。広いテキサスだとアマリロを拠点にするドリー・ファンク、ダラスを拠点にするフリッツ・フォン・エリックの2人がメンバーでしたけど、狭くてどうしても競合する日本の場合には、馬場が先に加盟しているから猪木は入りたくても入れないんです。

二宮　日本というテリトリーのプロモーターは馬場一人でいいということですね。

小佐野　そうです、馬場の利益を仲間で守るということですね。だから、それに賛成する人間もいれば、反対する人間もいるんですよ。

二宮　かつては独占禁止法違反で告発されるほど力のある組織だった。ちなみに、僕が独禁法のことを知ったのはプロレスによってです。社会を知る上でプロレスほどいいテキストはない。NWAと言えば、サム・マソニックですよね。

小佐野　サム・マソニックはセントルイスのプロモーターですけど、当時のNWAでは一番上の人ですね。NWAを作った時の流れから、世界チャンピオンのブッキング権を持っていた。ということは、そのチャンピオンのスケジュールはすべてマソニックが決める。

二宮　プロモーターは誰しも世界チャンピオンを自分のテリトリーに呼びたいわけだから、それが資金力の源泉となるわけですね。

小佐野　だから、馬場もできるだけいい時期に呼びたいんだけど、思い通りにはならない。結局、鹿児島でNWA世界ヘビー級王座をとったのも、その時期しかなかったからだと思います。

二宮　NWA世界ヘビー級王座はその当時、プロレス界では一番権威のあったタイトルですから、普通なら東京の蔵前国技館や日本武道館のような大会場でやりますよね。それがなぜ鹿児島だったのか。急に決まったのか、テレビの都合だったのか……。

小佐野　謎なのは、その3日後の12月5日に日大講堂でブリスコ相手に防衛戦をやって、馬場が防衛しているんですよ。だったら、最初から日大講堂でとればいいじゃないかと思いますよね。

一つ考えられるのは、日大講堂は鹿児島の試合の前からNWA世界とPWFのダブルタイトルマッチとして発表されていたんです。馬場としてはその前にNWA世界を奪取して、日大講堂では2本のベルトを持って入場したかったということではないかと。ちなみにベルトを落としたのは3戦目、12月9日の豊橋なんですよ。

二宮　実に慌ただしいスケジュールですね。この頃、まだ新日本プロレスはNWAに加盟してないですよね。

小佐野　馬場がNWA世界ヘビー級王座をとった翌年、新日本としては加盟することはできたんです。猪木は認められなかったけど、坂口と新間さんがメンバーになるという形で加盟が認められた。フリッツ・フォン・エリック（ジャック・アドキッセン）が会長になった年です。ただしNWA世界ヘビー級王座のタイトルマッチ開催は1年間保留という条件が付き、結局、新日本には一度もNWA世界王者は来なかった。そういうことが積もり積もって、最終的に猪木は独自のIWGPという方向に進んでいく。

二宮　猪木が保持し、新日本を支えたのはNWFのベルトでしたね。

小佐野 NWFはニューヨーク州のバッファローを本拠地にしていた団体で、ジョニー・パワーズが世界ヘビー級王者だったんですけど、テリトリー自体がダメになって、猪木に売ったというのが真相のようです。

アメリカのローカルなタイトルですが、猪木が74年3月21日にオハイオ州クリーブランドでアーニー・ラッド相手に防衛線をやるなどして、一時期はアメリカの専門誌『レスリング・マンスリー』でNWA、AWA、WWWFと並ぶ世界ビッグ4として取り上げられていました。

二宮 猪木がベルトの価値を高めたということですね。パワーズと言えば「8の字固め」。4の字固めの倍の威力があるという話でした。

小佐野 実際はパワーズロックという名前でしたけど、日本のマスコミが勝手に「8の字固め」と名付けたのでしょう。4が崩れて8っぽくなっているだけなんですよ（笑）。

猪木・アリ戦は本当の名勝負だった

二宮 話を戻しますが、馬場と猪木の対立のピークが75年で、猪木は76年6月26日にはモハメド・アリとの異種格闘技戦を行い、その後は異種格闘技路線に進んでいきます。それにしても、ボクシングの現役のチャンピオン、ましてやアリと闘うなんて驚きも驚きでした。

小佐野　75年3月、猪木が何かのパーティーで、日本レスリング界の父と呼ばれた八田一朗に「アリが『東洋人で俺に挑戦する奴はいないか?』と言っている」という話を聞いて「俺がやってやる」と名乗りを上げた。それが発端ですよね。

ただ、海外のメディアを通じて挑戦状を出しただけだと、ただの売名行為と受け取られる。だから、アリがその年の7月1日にクアラルンプールでジョー・バクナーと防衛戦をやる前の6月9日にトランジットで日本に立ち寄った時に新日本の渉外担当の杉田豊久氏が挑戦状をその場に持っていって、アリ・サイドに手渡したんですよ。するとアリもああいう人だから「おお、誰だってやってやる」と会見した。

二宮　猪木の引きの強さなんでしょうけど、まさに瓢箪から駒ですよね。

猪木・アリ戦はいろいろ批判もされましたが、僕は名勝負だと思っています。あんなに心臓がバクバクしたことはない。リアルファイト、真剣勝負だからこそああいう戦いになる。でもあの試合、馬場は複雑だったでしょうね。

小佐野 おそらく、ああいう試合になったから、馬場も胸をなでおろしたと思いますよ。二宮さんのように名勝負だと感じた人は少数派で、あの当時の世間では酷評されてしまった。もし、あれが誰しもが絶賛するような試合だったら、馬場は敗北感を感じたでしょうね。日本のプロレスの第一人者は世界的に猪木だということになってしまいますから。

二宮 アリ戦はテレビですけど、僕が今まで見た異種格闘技戦の中で、あの試合はやはり別格です。組んだら猪木、一発が当たったらアリ。あれは剣豪同士の文字通り命を懸けた真剣勝負ですね。僕は翌日のスポーツ紙をほとんど持っているのですが、東京中日スポーツの見出しが「大凡戦」、日刊スポーツは「茶番劇」。そんな中、異彩を放ったのが報知に寄稿した野坂昭如さんの論評です。「格闘技のプロが、本気になって喧嘩するのなら、それは見世物にはならぬ」。これには痺れました。問題はルールでしたね。

小佐野 明確なルールを発表しないで試合したわけですから、実況の船橋慶一アナウンサーも困ったと思いますよ。

セコンドも必死だった壮絶リアルファイト

二宮　スタンディングの蹴りもダメだけど、寝ている状態からなら蹴ってもいいとか、ものすごく細かかった。まあ、あれでアリキックという技が生まれたわけですけど。

不思議だったのは、最後に判定をしているんですよ。どんな基準で採点していたのか？　ジャッジには遠藤幸吉も入っていましたね。

小佐野　遠藤はアリの判定勝ちと出したので、新日本の若手にボコられそうになったということです（笑）。ボクシング側からは遠山甲という人が入っていて、こっちは猪木の勝ち。集計したのが、後にジャパン・プロレスを作る大塚直樹氏ですが、改ざんして引き分けにしたんじゃないかという疑惑もあった。大塚氏に聞いたことがありますが、「本当に引き分けだった」と言っていましたね。

二宮　引き分けにするしかない。

小佐野　後に「猪木・アリ戦の真実」みたいな特集をテレビで見ましたが、アリ側のセコンドが凄い。必死でしたから。試合中に猪木が反則の肘を入れたでしょう。その時の

モハメド・アリvsアントニオ猪木（1976年6月26日、日本武道館）

アリ側の抗議が凄かった。あとは「猪木の足にテープを張れ」とか、無意味なクレームをつけていましたが、今考えるとアリのスタミナ回復のための時間稼ぎですよね。

二宮　僕はこの件で猪木にインタビューしているんです。ルールについては「どうでもいいと思った」と語っていました。それだけ自信があったんでしょう。猪木が言うには、アリのグローブにはシリコンが入っていたと。「かすっただけでコブができた」と言っていました。もっとも、その猪木もシューズの中に鉄板を入れていたようです。動きにくかったのか試合直前に取り外したと。一説にはアリの関係者がピストルを持ち込んでいたとか物騒な話も流れました。

小佐野　番組を見てから新間氏に話を聞いたら「アリ側は凄い。それに引き換え、新日本の連中は能無しばかりで、セコンドも何もやってない」と言っていました。

二宮　先にも言いましたけど、この試合は何が凄いといって、アリは現役の世界チャンピオンですよ。1カ月前の5月にリチャード・ダンを倒し、猪木戦の3カ月後には、ヤンキースタジアムでケン・ノートンの挑戦を受けているんです。ノートンは最初の対決でアリのアゴを砕いた男。そんな男との勝負を控えながら、わざわざ東京にやって来たわけでしょう。たとえワーク（出来レース）であってもやって来ないよ。

小佐野　しかも、猪木はリアルファイトをしようとしたわけですからね。だからこそ、なぜ最初の契約でちゃんとルールを決めなかったのかなと思うんですけど。

二宮　結果的に、そこがちゃんとしてなかったからこそ、ああいう勝負になった。引き分けというのは絶妙な落としどころだったと思います。もし、アリが猪木の〝反則〟で怪我でもしていたら、後で吹っかけられていたかもしれない。

小佐野　引き分けで猪木もホッとしたと思いますよ。

二宮　これも猪木が語っていたことですが、アリは試合後、ホテルのエレベーターの中でひっくり返っていたそうです。アリキックが効いていたんでしょうね。ただ、エレベーターに乗るまでは自分の足で歩いていたと。そこにアリのプライドを感じたと言っていました。もっとも猪木も試合後、右足の甲の剥離骨折が判明するんですよね。「単にダンスを踊っていただけ」なんて失礼な論評もありましたけど、二人とも無傷ではいられなかった。死闘の代償は小さくなかったということです。

小佐野　レスリングシューズで蹴っていますからね。先ほど二宮さんが鉄板入りシューズの話をされましたが、新間氏が試合前に猪木に鉄板入りのシューズを渡して「社長、これを履いてください」と言ったら「それはできない」って断ったとか、逆に猪木が「これを履こうと思う」と鉄板入りシューズを持ってきて、新間氏が「殺されるから、やめてください」と制止したという話もあります。

二宮　あの試合は高校1年生の時の土曜日で、学校帰りにプロレスやボクシングの好きの連中と電器屋のテレビで見たんです。試合後、皆、無言でしたね。「アリ、猪木をやっつけろ」とか「猪木、アリの足をへし折れ」とか言う者は一人もいなかった。あれがリアルファイトの〝読後感〟なんでしょうね。

小佐野　僕は中学3年の受験生でしたけど、学校を休んで現場で見ています。チケットが一番安い日本武道館のU列で5000円して、そこから双眼鏡を使って見ていました。

二宮　これだから東京の人は嫌なんだよ（笑）。

小佐野　どうしても行きたくて、オヤジに頼み込んで行かせてもらったんです。超満員ではなかったけど、国歌斉唱が日本でも人気があったザ・スリー・ディグリーズで、夢のような空間でした。

「ぶっ殺してやる」の狂気をはらむのが猪木

二宮　アリ戦で猪木は巨額の借金を背負うことになり、異種格闘技路線に走らざるを得なくなったわけですよね。それにしても、これも歴史のアヤですが、もし馬場が猪木の挑戦を受けていたら、どちらが勝つかは別にして、この路線には走らなかった可能性がありますよね。

小佐野　猪木の一番の理想は、馬場に勝って異種格闘技路線に行くことだったのかもしれないですけどね。アリ戦後、77年8月2日に日本武道館で戦ったモンスターマンとかも、プロレスラーじゃないわけですよ。そういう人とプロレスの試合を成立させる猪木は、やっぱり凄いと思いますね。

アリ戦のあった76年の12月12日にはパキスタンに行って、アクラム・ペールワンと戦っています。有名な腕を折った試合です。そのアクラムの甥のズベールが79年に挑戦してきて、猪木は6月17日にパキスタンに行って戦っているんですよ。

その試合をユーチューブで見ましたが、よくこんな所で試合したなと。殺気立った客の前で、若くてごつくて、何をするかわからないような相手と試合するんですから。結局、引き分けで終わりましたけど、「これは他のレスラーにはできないぞ」と思いましたね。

二宮　アクラム・ペールワンもそうだし、その甥っ子もそうですけど、猪木の凄いところは、敵地で下手したら殺されるかもしれないような場所でも平気で乗り込んでいくでしょう。あれが猪木のいい意味で鈍感なところというか、凄いところですよ。それはアリ戦にも言えます。

小佐野　アリ戦だって、一歩間違えれば殺されかねないですからね。

二宮　ペールワン戦について本人に聞くと、会場の周りはズラッと軍隊が取り囲んでいて、身の危険を感じたと。腕を折ったのは手首に噛みついてきて肉を抉《えぐ》られそうになった。そこでグイッと手首を相手の口の中に押し込み、右手で眼を突いたんだと。猪木は韓国でパク・ソンナンの目にも指を突っ込んでいますよね。

小佐野　10月9日に大邱《テグ》でやった試合ですね。テレビ放送はなかったですけど、たしかに目に指を突っ込んでいます。

二宮　大邱は内陸の軍事都市で反日感情も強い。僕はよくここを本拠地とする三星ライオンズの取材に行きましたが、日本からやって来た敵の選手へのヤジは大変厳しいものがありました。そんなところで相手の目に指を入れるんだから、これも下手したら命を失いかねない。猪木は正気と狂気を往復できる世界的にも稀有なレスラーですね。

小佐野　その翌日にソウルでNWF王座をかけて戦って、それはテレビ放送されたんですよ。つまり、前日の試合でビビらせてというのはあったんでしょうね。アリ戦の後だったし「ナメんなよ」という気持ちはあったと思います。

これは猪木が言ってたんですけど「自分と他のレスラーとの違いは、卑怯なのかもしれないけど、俺には『ぶっ殺してやる！』みたいなところがある」って。「何かあったらぶっ殺すぞ！」という気持ちを絶えず持っている猪木とそれがないレスラーとの違いは大きいですよね。

第三章

馬場・猪木の次は誰だ？

――藤波・長州、鶴田・天龍の時代

藤波辰巳vs長州力（WWFインターナショナル・ヘビー級選手権
1983年8月4日、蔵前国技館）

長髪をなびかせた革命戦士

二宮　さて、馬場と猪木の二大巨頭の対立の時代から、徐々にプロレス界も世代交代していきます。ＢＩの後に台頭し、時代を作ったのがジャンボ鶴田、天龍源一郎、藤波辰爾（当時は辰巳）、長州力の４人です。

小佐野　そうなりますね。僕は74年８月８日の長州のデビュー戦を中学１年生の時に日大講堂で観戦しています。エル・グレコというヨーロッパのレスラーが相手で、サソリ固めで勝ちました。

でも、子供心に「なんだ、この逆エビみたいな地味な技は？」とがっかりしたのを憶えています。当時の僕は新日本のファンで、アマチュアレスリングでオリンピック出場という実績を持ち、鳴り物入りで入った吉田光雄（当時は本名をリングネームにしていた）は、なんか凄い技を使うんじゃないかと思ったら、足を畳んで逆エビ固めみたいな技で勝っちゃったんで「えーっ？」と思いました。

二宮　なるほど。でも、後に長州は長髪をなびかせて革命戦士になっていくわけですが、それ以前のスポーツ刈りだったらスターにならなかったでしょうね。サソリ固めのような技は長髪をなびかせたほうが絵的にも決まります。

小佐野　そうですよね。ジャンボにしてもスポーツ刈りでデビューしていたら、人気は出なかったと思います。

二宮　長州に聞いた話では、アメリカを転戦していた時に散髪に行く暇がなくて、そのまま戻ってきたんだと。

小佐野　たぶんそうでしょうね。海外に行くと「どんな髪型にされるかわからないから」と散髪に行かず、長髪で帰ってくる人が多いんですよ。

二宮　長州と言えば、白いリングシューズ。

小佐野　本人曰く、躍動感ですね。

二宮　確かに白のほうが躍動感はありますね。最近、高校野球でも白のシューズがＯＫになった。白のほうが熱がこもらないということですが、現場では白のほうが足が速く見えるとも言いますね。その反面、ちょっと軽く見えてしまうところもある。

小佐野　相撲からプロレスに転身した輪島は相撲時代の黄金のまわしをイメージした黄色のタイツはわかるにしてもシューズは白。理由を聞いたら、まずは白星。もう一つは躍動感って言っていましたから。やっぱりスピードがあるように見せたかったんでしょうね。

「噛ませ犬発言」と「俺たちの時代宣言」

二宮　長州の話に戻すと、ライバルとなったのが藤波ですよね。ニューヨークから凱旋帰国した際のイメージは貴公子のようでした。

小佐野　78年に帰国してドラゴンブームを巻き起こしましたよね。アイドルレスラーの系譜は最初が坂口征二、次がジャンボ鶴田、そして藤波だったと思うんですよ。女性ファンを増やしたという意味で。

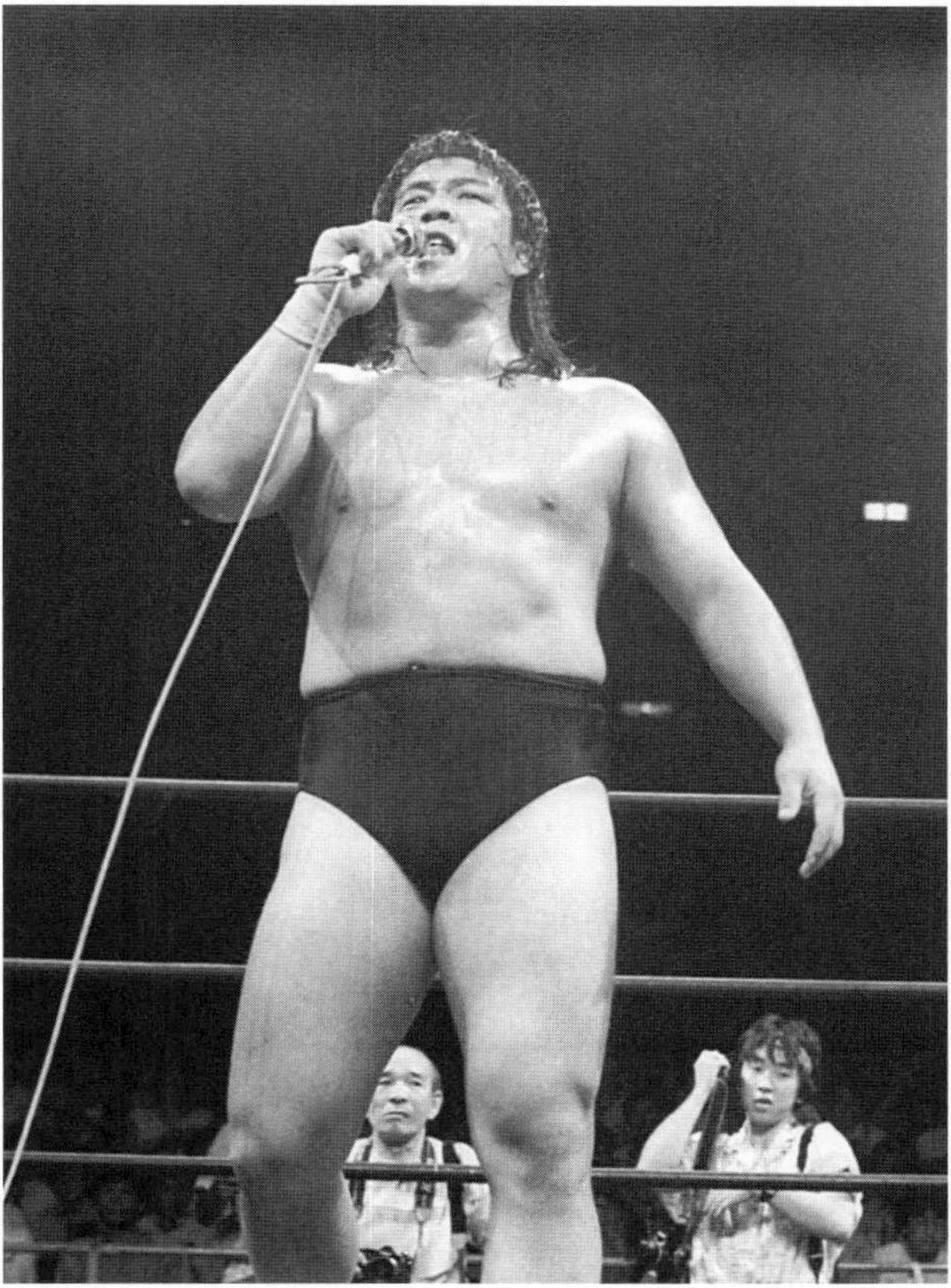

「もう馬場、猪木の時代なんかじゃないぞ！　鶴田、藤波、天龍！俺たちの時代だ！」と長州力がリング上で宣言（1985年8月5日、大阪城ホール）

二宮　当時の藤波はジュニア・ヘビー級で、体が細かった。

小佐野　80kg台でしたからね。78年1月23日、ニューヨークのマジソン・スクエア・ガーデンで無名の日本人レスラーがWWFの世界ジュニアのチャンピオンになって凱旋帰国するという見事なサクセスストーリーでしたね。猪木の愛弟子で、アメリカやメキシコで苦労して英語とスペイン語も話せると。年齢も24でしたから、カッコいいなと思いましたよ。

二宮　猪木は藤波を後継者に考えていたんでしょうか？

小佐野　ジュニアで小さかったし、あまりにも自分と同じタイプで似通っているから無理だろうと思っていたんじゃないですかね。というか、おそらく、猪木は後継者というもの自体を考えていなかったと思うんですよ。

二宮　新日本プロレスの嫡子のように見えた藤波にとって〝噛ませ犬〟は迷惑だったでしょうね。

小佐野　82年10月8日、後楽園ホールで起きた有名な事件ですね。あの時の藤波の立場からすれば、本来は無視して終わりなんですよ。それぐらい藤波のほうが立場は上でしたからね。

二宮　当初、藤波は「なんでこいつに挑発されなければならないのか」と思ったそうですね。噛みつかれたのは藤波の方だった（笑）。

小佐野　長州はメキシコに行っていたんですよ。後で聞いた話では「逃亡だ」と本人は言うんです。というのは、日本にいるとハルク・ホーガンやスタン・ハンセンといった大きな外国人選手とばかりやらされて体がボロボロになる。それが耐えられなくてメキシコに逃げたということらしいです。いよいよ帰ることになって、またあの生活に戻ると思ったらやっぱり耐えられないと思った。それで何とか環境を変えたいという気持ちがあの噛ませ犬発言につながったと言っていましたね。

まあ、噛ませ犬発言が本人のアイデアだったのかどうかの真相はともかく、長州がそれをものにしてのし上がったことが重要ですよね。ただ不満を持っている人間を演じていただけではなく、本当の革命戦士になりきった。だからこそ、新日本を辞めて、ジャパン・プロレスを作って、全日本に殴り込むという大きなムーブメントを作れたわけですから。

二宮　ジャパン・プロレスの旗揚げが84年9月ですね。

小佐野　いいえ、ジャパン・プロは団体ではなく、84年12月に新日本プロレス興行株式会社として設立され、長州らが移籍した後の10月9日にジャパン・プロレスに社名変更したんです。建前はプロレス団体ではなく興行会社なので12月4日に高松市民文化センターでチャリティー興行は行いましたが、正式な旗揚げ戦はやっていません。そして、長州が全日本のマットで初めて試合をしたのは12月12日の横浜文化体育館。翌85年1月から全日本マットで全日本ｖｓジャパンの対抗戦がスタートして、8月5日の大阪城ホール大会での「俺たちの時代」宣言になるわけです。

プロレス界も激変の1985年

二宮　1985年は日本にとって節目の年です。6月に豊田商事会長刺殺事件があり、8月には御巣鷹山に日航機が墜落した。9月にはプラザ合意が成立し、円高不況を経てバブル景気、そして崩壊へ向かうわけです。阪神タイガースが優勝するのもこの年です。

小佐野　プロレス界で言うと、ＵＷＦが84年にできて、佐山聡と前田日明が大阪で不穏な試合をやったのも85年なら、ＵＷＦが崩壊するのも85年。長州がジャパン・プロレスの社長になったのも85年で、猪木、馬場に次ぐ現役レスラーが社長になった上での「俺たちの時代」宣言だった。

二宮　それで思い出したのが、馬場から昔聞いた話です。映画界に五社協定ってあったでしょう。各社専属俳優の引き抜きを禁じた協定ですが、「映画界はあれで秩序を保っていたんだから、プロレスにも必要なんだ」と。そうした旧秩序が音を立てて崩れ始めた。

小佐野　馬場はそういう考え方ですよね。84年に長州らがジャパン・プロレスに移籍して全日本のリングに上がったことで、新日本は全日本の引き抜きだと判断して、その報復に85年春にブルーザー・ブロディを引き抜くんです。ところがブロディは12月12日の『85ＩＷＧＰタッグ・リーグ戦』の仙台での決勝をボイコットする事件を起こします。この日は日本武道館で全日本の『最強タッグ』最終戦があったので、新日本は「ブロディは日本武道館に行くのでは？」と警戒したけれども、全日本はブロディを使わなかった。その翌日、馬場と猪木が会って、お互いの弁護士を入れて、日本人も含めた引き抜き防止協定を作ったんです。

外国人だけではなく長州も「俺たちの時代だ」ということで動き始めていましたから、そこに楔を打つために馬場と猪木が裏で手を組んだんです。「俺たちに逆らったら、この世界で生きていけないよ」というメッセージですよね。

二宮　ここでの旧秩序はＢＩ体制と言ってもいい。

小佐野　それ以前の81年に新日本がアブドーラ・ザ・ブッチャーを引き抜いて、外国人引き抜き戦争が勃発しましたけど、年末にスタン・ハンセンを引き抜かれた新日本が白旗を上げて、翌82年の2月に休戦協定を申し入れているんですよ。馬場、猪木、そして新間氏の３人で会って、手打ちをした。つまり、何年かに一度は手を結ぶんです。

二宮　興行会社として対立しつつも、外国人のギャラのつり上げなどには対抗していかなければならない。いわゆる〝対立的共存関係〟ですね。

小佐野　そうです。だから初めは外国人レスラーだけだったんですけど、長州たちの問題もあって、日本人も含めたんです。でも、結局、長州たちが87年に新日本に戻ったものだから、このときは馬場も裏切られたと思ったはずです。ただ、それがあったから、ブロディとブッチャーが全日本に戻ってこられた。引き抜き防止協定からすると、その時点でブロディもブッチャーも新日本側に権利がある選手でしたけど、新日本も自分たちから協定を破った手前、「どうぞ」と言うしかないですからね。

移籍の概念がなかった昭和プロレス

二宮　プロレスラーの契約はシリーズごとが基本ですか？

小佐野　昔の外国人はそれぞれ違ったと思います。日本人選手はあの当時は年間契約で、自動更新だったと思います。あるいは3年契約とか5年契約とかで縛って、許されないような契約をしていた可能性もありますね。

例えば、高田延彦や藤原喜明がＵＷＦに移籍して、新日本が契約違反だと裁判所に訴えても負けるような内容だったと思います。平成に入ってＳＷＳが出現してから、どこに出しても大丈夫な契約内容に変わっていった。ＳＷＳはちゃんとした企業のメガネスーパーが親会社でしたから、社会的に通用する契約になっていったんだと思います。

二宮　これはプロレス草創期、力道山はじめ力士出身者が幅をきかせていたことと関係があると思うんです。相撲の世界は親方と弟子の関係で、○○部屋所属といっても労働契約は結ばれていないんです。力士に対する給料は協会から支払われる。さすがに今はプロレス界も団体と選手の間で契約書が交わされていると思いますが、昔は寝場所と食事だけがあてがわれる〝部屋住み〟のような選手が少なくなかったんでしょうね。

小佐野　団体も選手のほうも契約という概念は本当に希薄で、ただ「そういうもんだ」と思っているだけだったんでしょうね。だから、移籍なんてこともなかったし、そういう意識もなかったと思います。

団体移籍ということを選手たちが考えるようになったのはＵＷＦ、そして、ジャパン・プロレスができたあの時代からですね。先ほど二宮さんがおっしゃったように、プロレス界も85年あたりでガラリと変わったんですよ。ジャパン・プロレスをＴＢＳが放映するなんていう噂もありましたからね。

二宮　まだまだプロレスは視聴率のとれるコンテンツだったんでしょうね。

小佐野　谷津嘉章に聞いたんですけど、あの頃が一番儲かっていたそうです。移籍を繰り返すたびにお金が入って、バブルだったと言っていました。

二宮　先述したように。85年のプラザ合意をきっかけにバブルが始まり、崩壊する90年代前半まで、日本はイケイケドンドンでした。プロレス界も例外ではなかった。

小佐野　長州が結成していた維新軍は最初、ＵＷＦに誘われているんですよ。だから、新日本には「ＵＷＦに誘われている」という話をして、テレビ朝日と専属契約を結んで契約金をもらっているんです。それでも、結局ジャパン・プロレスに移籍して、その移籍金ももらっているわけですからね。
　それができたのも、やはり長州の人気ですよね。彼は自分の商品価値がわかっていたから、どう自分を高く売るかっていうことを考えたし、だからこそ移籍を繰り返したんだと思います。長州は後に新日本の現場監督になりますけど、選手たちをすごく客観的に評価することができた。ということは、自分のことも客観的に見られる視点をその頃から備えていたんだと思います。

「猪木のあの闘志をなんで出せないんだ」

二宮　なるほど。一方で、そういう時代の変化を猪木はどう見ていたのでしょう？

小佐野　おそらく猪木にしてみれば、自分を超える奴はいない、出てこなかったという結論になるでしょうね。

二宮　一方の馬場は、王道プロレス。まさに二人の思想の違いがリングに活況をもたらしたわけですが、倍賞美津子との１億円結婚式にしろ、アリ戦にしろ、その後の国会進出にしろ、世間を巻き込んだという点では猪木に軍配が上がりますね。
小佐野　猪木の凄いところは、エンターテインメントと闘いのリアルな部分のバランスですよね。今のプロレスは完全にスポーツ・エンターテインメントです。でも、猪木のプロレスは確かに「闘い」なんですよ。
二宮　馬場は「プロレスはプロレスなんだ」と主張する。猪木は「プロレスは闘いだ」と。その点ではお互いにブレなかった。
小佐野　この前、長州が言っていたんですよ。「猪木会長は『リングの中で何を見せるんだ？　闘いだろ』。『じゃあ、人間が闘ったらどうなるんだ？』ということを、常に問いかけてくる人だった。だから、アントニオ猪木にはなれないけど、俺は俺なりにあの人の背中を見て、俺なりに解釈して、俺なりの表現をしてきた」って。
二宮　猪木のパフォーマンスは東京ドームの後方から見ていても、しっかりと伝わってくるんですよね。ありていに言えば、カリスマなんでしょうが、本人の中にマグマのような喜怒哀楽が潜んでいるから、それを伝達できるんでしょうね。
小佐野　馬場はジャンボにそのことを言ったんです。「なんでお前は猪木みたいにできないんだ。猪木のあの表情、あの闘志をなんでお前は出せないんだ」って。

二宮　それはおもしろい話ですね。それは取りも直さず、馬場が猪木のことをもの凄く認めていたということですよ。

小佐野　認めていますね。

二宮　でも、それは無理な話ですよね。だって、ジャンボは「全日本に就職します」と言った人なんだから。就職する人に「猪木になれ」と言ったって無理でしょう。

小佐野　生い立ちが全然違いますからね。ただ、長州も新日本に就職した人なんです。でも、長州はああなった。

二宮　その背景には、色々な属性の問題もあったのでしょう。長州は昔、レスラーの背中を見ると、背負ってきた過去がわかると言っていました。これは名言ですよ。

小佐野　あと言えるのは、長州はプロレスに馴染めなかったんですよ。できるようになるまですごく時間がかかった。でも、ジャンボは初めからできちゃった。その違い。簡単にできちゃうと、闘志は生まれないですよね。

二宮　なるほど。確かに長州はプロレスに馴染めなかった。しかし、逆に言えば、プロレス不適合者だったから、あれだけのパフォーマンスができたのかもしれない。長州はコンディションの良し悪しを感じさせないレスラーでした。それがプロだろうと。その土台にアマレスがある。だから、コンディションの悪いレスラーに対してはいら立ちをぶつけることがありましたね。

小佐野　苛立ちもあったし、あの人の場合はアマチュアレスリングとプロレスをキッチリと切り離すことができた。アマレスはアマレス、今やっているのはプロレスだという考え方になれたから、続けられたんだと思いますね。

二宮　長州と話をして感じたのは、あの人のアイデンティティは専修大学のレスリング部なんですよ。体育会系プロレスラー。レスリングの話になると、聞いていないことまで延々と話す。でも、プロレスの話になると「あれは仕事だよ」と。小佐野さんの言う割り切りですね。

小佐野　本人も大学の時の人間関係は好きだって言いますもんね。

二宮　一方で、猪木の場合はブラジルですよね。これはテレビで当時の奥さんの倍賞美津子さんが言っていたことだけど、アントン・ハイセル（猪木がブラジルと日本に設立したバイオテクノロジー事業の会社）にお金をドンドン注ぎ込んでいたじゃないですか？　倍賞さんは「アントン、そんなことに意味があるの？」って聞くんだけど、「ブラジルの話をし始めたら、やめられないのよ、この人は」と。やっぱり、猪木の中には僕らが見たことがない、また知ることのできないブラジルの褐色の大地に根差したロマンや裏返しのトラウマがあるんでしょうね。それが猪木のスケール感の原点かもしれない。

小佐野　僕も若い新米記者の頃、土肥温泉の合宿の取材をした時に、たまたまホテルのロビーで二人になってしまって、延々とアントン・ハイセルの話をされたことがありましたよ。

二宮　僕も新幹線でたまたま隣の席に座ることがあって、その話になったんですよ。「今、ブラジルの環境問題に取り組んでるんだ」と言って、３時間延々とアマゾンの話をされました。中身は忘れましたが、３時間、アントニオ猪木を独占できて幸せでしたよ。あんな気持ちになったのは長嶋茂雄以来ですね。

小佐野　そういう事業熱は力道山の影響があると思いますね。力道山に憧れたんだと思います。

二宮　僕もそう思います。リキマンション、リキパレスとかいろいろやりましたし。

小佐野　その点、馬場は美味しい話を持ってくる人はいたんだろうけど、プロレス以外のことは一切やろうとしなかった。

「手抜きなし地方興行」の先駆者は天龍

二宮　馬場はどこか世間に対して冷めていましたね。全日本の嫡子はジャンボ鶴田でしたが、乱を呼び込んだのが天龍でした。

小佐野　81年の年末に新日本からスタン・ハンセンを引き抜いた、あそこから全日本も変わったんですよ。

それまではNWAスタイルのプロレスでずっときたけど、馬場も限界を感じていたんでしょうね。ハンセンは馬場に「全日本に移籍してもスタイルを変えることはできない。それでいいか?」と聞いているんですよ。彼は不器用ですからね。

馬場は「もちろんだ。むしろ変えないでくれ。そのまま来てほしいんだ」とハンセンに言った。馬場もそれまでのセオリー通りではない、新しいものを入れたかったんですね。その3年後には長州という異分子も入れた。もう、豪華外国人路線の時代じゃないというのはわかっていたはずです。

つまり、この頃からですよね、我々が知るいわゆる「昭和のプロレス」でなくなって

鶴龍対決と言われたジャンボ鶴田vs天龍源一郎（1987年8月31日、日本武道館）

いくのは。

初めのほうでも言いましたが、82年にタイガーマスクがプロレス大賞のMVPをとった。そして新日本では長州と藤波の抗争が始まり、一気に時代が変わっていくんです。

僕は80年から日本スポーツ出版社のゴング編集部でアルバイトを始め、81年から現場取材をするようになり、84年に『ゴング』が週刊化されたので、ファンとして見ていたプロレスが大きく変わっていった80年代を現場で見ることができたのは大きかったですね。「もはや俺が見ていた馬場、猪木のプロレスではないな」と感じました。

二宮　なるほど。しかし、『ゴング』の表紙にもなった「鶴藤長天」の時代も、今となっては昭和のノスタルジー的なものがありますよね。

プロレスが変わったと言えば、正直、今のプロレスは、見ていて怖いんですよよ。一つ間違えたら首の骨を折るんじゃないか、みたいに見えてしまうんです。

小佐野　一つは、今のレスラーのほうが小さくて軽いので、そういう危険な技ができるということがありますね。ただ、それにしても不思議なのは、今は受け身の技術も向上しているし、リングの質も良くなっているのに、平成に入ってからのほうが死亡事故が多いんです。昭和の頃は、死亡事故まではなかったじゃないですか。最近は怪我も多いですし。それだけ技の危険度が上がったというのはあると思うんですけど。

二宮　僕は先にも言いましたが、子供の頃、田舎でレスラーがリングに顔をそろえただけのようなプロレスも見ている。相撲の初っ切りに近いな、と思っていました。しかし、今になって考えると、体がもたなかったんじゃないかと思うんですよね。試合数も多かったでしょうから……。

小佐野　年間200は超えていたと思います。しかも、昔はバスではなく列車移動ですからね。

二宮　昔は大型レスラーが多かったのもわかります。大男を見るだけで〝オオッー〟となり、ボディスラムで叩きつける音を聞いただけでお腹一杯になった。でも、今は、動画もあるし、手を抜けばすぐバレる。今のレスラーは大変でしょうね。

小佐野　現在は新日本プロレスの『新日本プロレスワールド』をはじめとした動画配信サービスを、各団体がやっていますから手を抜けません。でも、地方で手抜きをしなくなったのはもっと前で、天龍が87年6月に天龍同盟を始めてからですね。

天龍はどんな田舎だろうが、小さな会場だろうが、テレビがなかろうが、手を抜かない試合を始めたんです。地方の6人タッグマッチでも、クソ真面目に20分ぐらいの試合をやる。地方のノーテレビの試合でも、テレビ中継のある試合と同じクォリティでやる。それが受けたんです。逆にテレビは予告編になって、本チャンを見たかったら会場に生で見に来てねという逆の方向にチェンジしたんです。

87年春に長州が新日本に戻り、全日本としてはピンチを迎えましたが、天龍たちが手抜きをしない試合をやることによって、奇跡的に回復させたんですよ。

二宮　なるほど。それで客が戻り始めたと。

小佐野　長州たちがいなくなり、全日本で客を呼ぶ手段はそれしかなかった。天龍は、客が入っていなくても、ハネ立ちの日（試合後、ホテルに泊まらずに次の試合地に移動する日）でも手を抜きませんでした。ハネの日は相手はみんな早く移動したいから、対戦相手は早く試合を終わらせようとするんですが、それをわざと引き延ばす。「この野郎！」って引きずり回して、わざと長い試合をやるんです。

それは今のプロレスにも引き継がれています。新日本はどちらかと言えばキャラで売っていた団体ですが、それでも変わっていった。今は手を抜く団体はないです。

二宮　今、一度離れた客を取り戻すのは大変です。銀座のママが、よくそう言いますよ（笑）。

小佐野　今の人たちは、一度来なくなった客を戻すのは大変だぞって、みんな苦労してわかっていますからね。

「プロレスはプロレスなんだよ」の深い意味

二宮　今と昔を比べると、昔のほうがいい加減なレスラーが多かった。忘れられないのが日系のプロフェッサー・タナカです。彼はゲタの下に塩を隠し持ち、目つぶしに使うのですが、これが相手にバレて塩を奪われ、それを振りかけられてフォール負けしてしまった。少年の僕は呆気にとられ、二度とプロレスなんか見るもんかと思いましたよ。

しかし不思議なことに、今となってはこれがいい思い出なんです。どの試合よりよく憶えている。プロレスは理不尽や不条理を教えてくれる貴重なツールですよ。

小佐野　ＷＷＥでも活躍したＴＡＪＩＲＩが言っていたのは「例えば、反則や不透明決着に対して、みんなギャーギャー言うけど、それが人生じゃん。プロレスは人生みたいなもので、人生にいかに不条理なことがいっぱいあるかを考えたら、プロレスにも反則もあるし、不透明決着もあるし、訳のわかんないことはいっぱいある。それを楽しめなきゃ、プロレスなんか楽しめないよ」と。

二宮　上京したばかりのことです。大学の寮の先輩に連れられて新宿・花園神社の縁日に行きました。「世にもまれなる大イタチ」という看板があり、珍しそうなので千円払って小屋に入ったんです。すると、大きな板に赤いペンキが塗ってあるだけ。すなわち大イタチならぬ「大板血」ですよ。

先輩は怒っていたけど、僕は怒る気にならなかった。プロフェッサー・タナカのワクチンを早い時期に打っていたので、免疫がついていましたね。

小佐野　人生には本物もあれば、インチキもあるんだよと教えてくれるのが、虚実ない交ぜのプロレスですよ（笑）。馬場の「プロレスはプロレスなんだよ」は名言ですよ。昔のレスラーは相撲取り上がりが多かったし、柔道やアマレスと元々格闘技をやっていた人が多いわけですよね。つまりはガチンコの世界から来た人たちだから、彼らにとっては「プロレスはプロレスだ」ということになる。長州だって、プロレスは仕事だって言いますしね。

いつか、天龍から昭和のレスラーと平成のレスラーの違いを聞いたことがあるんです。「昭和のレスラーは今の子に比べたらいい加減な奴が多いかもしれないけど、プロフェッショナルだった。今の子は本当にプロレスが好きで、純粋で真面目だけど、プロフェッショナルじゃないと思うよ」って言ってました。なるほどなと思いましたね。

二宮　天龍の言葉は味がありますね。私は小佐野さんほど付き合いは古くないけど、ある時、野球の本の出版パーティーをやった時に、異業種から天龍だけが来てくれた。それで挨拶してもらったんですけど、「二宮さん、プロレスも儲かるようになりますから、一緒に儲けましょうよ」って、みんな大爆笑。あれ以来、僕は〝隠れ天龍派〟なんです。

小佐野　一見無骨な感じだけど、独特の感性を持っているし、実は凄く頭が柔軟です。

二宮　昔のエピソードは中学時代の同級生・三遊亭円楽師匠から聞かされました。男気のある人ですよね。

小佐野　なるほど。「地方で手抜きをしない」の先駆者ということも含めて、やっぱりあの人は日本のプロレス界を変えた人ですよ。

馬場と猪木は、なぜ天龍と長州に負けを許したのか？

二宮　プロレス界を変えようと動いたのは、天龍の反骨心でもあり、やはり苛立ちがあったんでしょうね。

小佐野　そうですね。でも、それを天龍に植え付けたのは長州ですからね。

二宮　そこはつながっていくわけですね。日本のプロレス界で馬場と猪木の二人からピンフォールを奪ったのは、たしか天龍だけでしょう。これはプロレス史に残る偉業です。

小佐野　2試合とも平成に入ってからですけど、猪木に勝ったことに関して「自分の師匠でもないし、儲けものだったと思っている」と、天龍は言っています。ただ、馬場に勝った時は複雑な気持ちがあったようです。

というのは、馬場に勝ったのはUWFが東京ドームに初進出した日なんです。つまり、それを計算して馬場がわざと3カウントとらせた。そうすれば少しでも記事になるし、UWFの記事を減らせると思ったんじゃないかと思ったようですね。

もう一つは、ジャンボがどう思っていたのかが、気になったみたいです。天龍が言うには「プロレスは『こいつだけには負けたくない』と思えば、そう簡単には負けない。でも『こいつだったらしょうがない』と思った時には、跳ねることができても3カウントを聞いてしまうこともある」ということなんですね。

つまり、「馬場さんは俺に何をさせたいの？」、「ジャンボはどうするの？」と、馬場に勝ったことでいろんな思いが交錯したようです。

ジャンボに対して、「馬場さんが天龍さんに負けましたね」って、わざわざ嫌味を言う奴もいるだろうし、それを聞いたらジャンボだって嫌な気分になりますよね。そういう複雑な思いがあったみたいです。

二宮　馬場のメッセージをどう受け止めるのか。天龍としてはこれは複雑ですね。馬場が日本人にピンフォールを奪われたのは、これも天龍が初めてでしたよね？

小佐野　ジャイアント馬場になってからは初めてですね。ただ、猪木も長州にはシングルで2回もフォール負けしているけど、藤波にはタッグでしかフォール負けしていない。シングルではとらせてないんですよ。ということは、みんな「猪木は長州のほうを信用してたのか」と思うわけですよね。

二宮　猪木の愛弟子と言えば藤波。馬場にしたって、嫡出子はジャンボのほうですからね。

小佐野　そうなんですよ。にもかかわらず二人とも、自分に反抗的なほうに印象的なフォール負けを許している。そこに師弟関係の複雑さを感じます。

二宮　確かにそこは不思議ですね。

ところで天龍はもともと延髄斬りとか、猪木が得意とする技をやっていました。あれはどういう意図があったんでしょう?

小佐野　天龍はアメリカにいる時に、新日本に参戦していたブラックジャック・マリガンとかマスクド・スーパースターと同じテリトリーでやっていた。そこで彼らから「日本で猪木がこんな技を使っている」という話を聞いたんですね。それでノースカロライナに行った時に、日系の血を引くトップ・ベビーフェイスのリッキー・スティムボートがチョップを使っていたので、チョップを切り札にするわけにはいかなくて「じゃあ、聞いていたあの技を使うか」と、延髄斬りを使うようになったそうです。

ただ、日本に帰ってきたらさすがに使えないわけで、封印していたんです。それが、81年7月30日に、馬場&鶴田・天龍&ロビンソン戦のインターナショナル・タッグ王座のタイトルマッチがあったんですが、天龍はこの試合が終わったらテキサスに行く予定だった。それで「どうせアメリカに行くんだから関係ねえや」と、そのときに使ったんですね。ロビンソンが「使え!」と煽ったのもあるんですけど。

二宮　そういう背景があったんですか。

小佐野　ちなみに、天龍が卍固めを使いだしたのはその年の『世界最強タッグ決定リーグ戦』からです。あの当時の天龍はまだ細かったですし、あまりにも体格の違う馬場の真似はできない。一番真似しやすかったのは猪木だったんです。

二宮　猪木はどう思っていたんでしょうか？

小佐野　一切文句は言わなかったというか、相手にしなかった感じでした。相手にしちゃうと、天龍を引き上げちゃいますからね。

二宮　当時の天龍はまだ不器用というか、しょっぱいところがありましたよね。

小佐野　結局、天龍には全日本のＮＷＡスタイルが合わず、ファンクスのようなプロレスはできなかった。アメリカから帰ってきた頃はダブルアーム・スープレックスとか、ジャンボが使うような大技もやっていたんですけどね。

二宮　化けたのはロビンソンとのタッグからでしょうね。

小佐野　あのあたりから化けたというのか、全日本プロレス第三の男の感じにはなったけど、要はやられ役ですからね。馬場やジャンボの前にトップ外国人とことごとく当てられて潰される役です。本人もハンセンやブロディに毎回やられて「名前だけの第三の男で酷い目に遭った」と言ってるぐらいですからね。

しかも、なまじ頑丈で避けないから、相手もガンガン来るんです。どこかの試合後、飯を食べに行ったらブロディにバッタリ会っちゃったことがあるらしいんですが、その時にブロディから「俺たちの技をいつも真っ向から受けてくれてありがとう」と言われて「俺は間違ってねえな」と思ったらしいですね。

最強だが最高ではなかったジャンボ鶴田

二宮　さて、全日本で革命を起こしたと言ってもいい天龍に対して、ジャンボはどうだったのか。

この人は、センス、身体能力、体格、スタミナ……どれをとっても超一流でしたよね。ただし、僕はバックドロップをくった後、タイツの紐を直したりするでしょう。あれが好きになれなかった。だって「効いてません」と言っているようなものですから。

小佐野　僕もジャンボの本（『永遠の最強王者 ジャンボ鶴田』ワニブックス）を書きましたけど、最強のレスラーであっても最高のレスラーではないというのが結論ですね。

二宮　全く同感です。タイツの紐を締め直して、なおかつ3カウントぎりぎりで起きてこられた日には、相手だって「おいおい」ってなりませんか。

小佐野　タイツの紐を直すのは馬場が一番嫌っていたことなんです。「自分で直すな。パートナーに直してもらえ」と。馬場はそういう所作にはうるさかったですからね。

二宮　「痛くもかゆくもありません」という余裕が少々嫌味に感じられるところがありました。猪木はああいうことはしなかったですよ。ただし、〝ジャンボ最強論〟については異議なしです。

小佐野　あれは彼のプライドだったんだと思います。無意識ではなく、わざとです。「僕は余裕がありますよ」と見せたかったんだと思います。まだ「善戦マン」と呼ばれていた時期は、時間切れ引き分けも多かったし、ベルトにもあと一歩届かず、「なぜ勝てないんだ？」と言われていましたから、それに対する彼のプライドですよね。「いや余裕ですよ」って。

藤原喜明にしても、試合で負けてスッと立って帰っちゃうことがあるじゃないですか。それと一緒だと思います。あれが彼のプライドなんです。

鶴田の余裕が消えて蘇った全日本

二宮　なるほど。あれがジャンボのプライドだったのか……。もっと早くそこに気づいていればジャンボに優しくなれたのに（笑）。

小佐野　その余裕を消したのが天龍たちなんですよ。長州たちジャパン勢が全日本から去った後、じゃあ、今度はジャンボを本気にさせてやろうということで、天龍革命が起きるわけですからね。

そうやって余裕を消されたジャンボと天龍たちがやり合うことで、全日本も奇跡的に回復したし、面白くなっていった。その意味でも天龍の功績は大きいんですが、「なんとかあの余裕を消してやりたい」と思っていたのは、後の三沢光晴たちも一緒ですから。

二宮　それにしても、馬場がジャンボのああいう所作を嫌っていたというのは面白いですね。そういうところはちゃんと見ているわけですね。

小佐野　馬場はレスラーの所作に関してはもの凄くうるさくて、物事はきれいに見えなきゃいけない、不細工に見えちゃいけないっていう考えの人だったんです。おそらく、アメリカでテレビプロレスもやってきているので、いかに技も、受け身も、動きもきれいに見せるかをいつも考えていた人なんだと思いますね。ロープワークに関してもうるさかったですから。

二宮　やはり、そこが王道プロレスの基本ですね。

小佐野　「自分から動くな。相手を動かせ。そうすれば自分のほうが格上に見える」ということも、馬場はうるさく言っていましたね。

二宮　それは僕もジャンボから聞きました。テーズから教わったと言っていましたけどね。とりあえず最初にリングの中央にポジションをとる。「長州との最初の試合、俺は絶対に回ってなかっただろ」と言っていましたね。

小佐野　そう、まず自分がリングの中央にいることなんですよね。中央に立ったほうが主役になりますから、まず自分が中央を取って、相手を動かす。

あと、時間切れ引き分けになりそうな時は、最後はひたすら攻める。そうすると、そこまでの内容で互角、あるいは押され気味だったとしても、最後に攻めていると、ファンは勝っている印象になるというのが馬場の正道哲学です。

85年11月4日、ジャンボが大阪城ホールでやった長州との試合は引き分けに終わっているんですけど、ジャンボは最後に攻めていて、試合終了のゴングが鳴ると同時に「オーッ！」と手を挙げ、勝ち名乗りを上げていた。だから、「ジャンボのほうが強かったよね」という印象が残っているんだと思います。

二宮　なるほど。そういうジャンボの振る舞いを見ていると、彼がタイツの紐をわざわざ直していたっていうのがわかります。プライドの為せるわざですね。

小佐野　でも、ジャンボは本当に凄かった。例えばバックドロップにしても、相手によって落とす角度を調整しますからね。「なんでテーズみたいに両足をベタッとつけてやらないの？」と聞いたら、「それやったら相手が死ぬよ。だから相手の受け身の技術に合わせて、足で角度を変えて、力を逃しているんじゃないの」と。なるほどと思いましたよ。

二宮　やはり規格外だったんですね。プロレス史家は彼を怪物レスラーに位置付けるべきなんでしょうね。

第四章

国際プロレスを語ろう！

――第三極の不思議な魅力

東京プロレスと国際プロレス

二宮　昭和プロレスを語る上で、第三極として欠かせないのが国際プロレスの存在だと思うんです。そこで話の時間軸を少し戻して、国際プロレスについても語りたいと思います。

当時、プロレス団体のトップは看板レスラーと相場が決まっていましたが、創業社長の吉原功は元プロレスラーで、その後は背広組に転じました。アントニオ猪木の東京プロレスとの間に資本関係はありません。

小佐野　旗揚げが同じような時期だったんですけど、関係はないですね。元レスラーで当時日本プロレスの営業本部長だった吉原功氏が、力道山の死後にリキパレスの売却問題で他の幹部と対立したんですよ。それで日プロを辞めて、アメリカを主戦場としていたヒロ・マツダをエースとして国際プロレスを設立したんです。

一方の東京プロレスは、日プロを公金横領で追放された豊登が、弟分の猪木を誘って旗揚げした団体ですね。ちなみに国際の旗揚げ戦は1967年の1月なんですけど、東京プロレスとの合同興行なんです。東京プロレスは国際よりも早く、66年の10月12日に旗揚げしているんですけど、すでに年明けの時点で興行能力を失っていた。だから合同興行になったんです。

二宮　東京プロレスの旗揚げ戦は猪木・ジョニー・バレンタイン戦でしたね。

小佐野　そうです。映像は残っていないので、会場となった蔵前国技館に行った人しか見ていないです。

二宮　プロレス評論家の菊池孝さんに聞いたんですけど、「あの試合は最高だった」と言うんですね。

小佐野　みんな言いますね。でも、僕も見てないから何が最高なのかイメージできないんですよ。

二宮　残っている写真を見たら、バレンタインの銀髪が返り血を浴びている。だから、死闘だったのかなとは思うんですけど、どれぐらいのものだったのかがわからない。だから、この試合は余計に神話性を帯びている。

小佐野　この試合について、猪木に話を聞いたことはあります。国技館の土俵が大きくて、リングをうまく作れなかったらしい。リングがひしゃげちゃったらしいんですよね。

だからロープワークができないので、殴り合うしかなかったと言っていましたね。おそらく、それでガンガンやり合ったのが当時としては新鮮だったんじゃないですかね。
で、東京プロレスが旗揚げされる時に、ヒロ・マツダも参加するという噂があったので、日プロはそれを引き止めるためにアメリカからマツダを呼んだ。そこで日プロにいた吉原氏とくっついたということですね。
東京プロレスとの合同興行でマツダはアメリカ仕込みのプロレスを披露するわけですが、僕は評価が高かったのかなと思っていたら、当時取材していた人たちの評価は低いんですよね。

二宮　それは、なぜなんですか？

小佐野　アメリカナイズされたフニャフニャしたプロレスだから迫力がないということなんです。「軽い」と言ってましたね。その点、猪木は凄かったと口を揃えて言うので、もしかしたら、猪木・バレンタイン戦の評価はその反動もあったのかもしれない。同じアメリカ帰りでも、マツダはアメリカナイズされたプロレスを持ち込み、猪木は違うプロレスを持ち込んだと。
力道山のプロレス、それから、その後のジャイアント馬場の大きなプロレスを見てきた人にとって、期待していたマツダは軽かったんだと思います。その期待外れがあったところで、猪木がバレンタインとバチンバチンやるようなプロレスをやったから、「これは違う！」となったんじゃないですかね。

二宮　動画も残ってないんですか？

小佐野　発見されたという話を聞いたことがない。だから、もう写真で見るしかない。コブラツイストやったり、アントニオ・ドライバーをやっている写真で、当時の雰囲気を感じ取るしかないですね。

二宮　バレンタインはどういう経緯でこの試合を受けたんでしょう？

小佐野　バレンタインはセントルイスでトップを張っていた選手なんです。東京プロレスは旗揚げに際して猪木しか目玉はないし、外国人を呼ばないといけない。そこで猪木がセントルイスのＮＷＡ本部まで行って、直談判した。猪木は64年4月から6月までセントラルステーツ地区で修行をしていて、セントルイスでも試合をしてましたからね。

当時、セントルイスでサム・マソニックＮＷＡ会長の下でブッカーをやっていたのが、力道山をプロレスにスカウトしたボビー・ブランズで、日本に興味を持っていたみたいです。もしかしたら、猪木を使ってもう一度日本でおいしい思いをしようと思って、協力したんじゃないかなと思うんですけどね。猪木は現地でバレンタインを見たらしいんですけど、いかにもアメリカンプロレスだったから、「どうかな?」と思ったらしい。でも、いざやってみたら、違っていたということですね。

二宮　リングすらちゃんと作れない状況の中で、災い転じて福となすじゃないけど、結果オーライだったということですね。

小佐野　そういうことですよね。なんかリングの設計を間違えたらしいです。

猪木を誘って東京プロレスを立ち上げたのは豊登ですが、ギャンブル癖が抜けずにすぐに資金難になり、板橋事件と呼ばれた観客の暴動事件は起きるしと、メタメタだったようですね。

それで猪木と吉原社長とマツダが会って、両団体の提携が設立して合同興行による国際の旗揚げシリーズが実現したんです。でも豊登が不参加を表明し、猪木と豊登の告訴合戦が始まり、東京プロレスはその後すぐに崩壊して猪木は日プロに復帰する。一方の国際プロレスは独自の歴史を紡いでいくわけですね。

国際プロレスはヨーロッパの香り

二宮　では、本格的に国際プロレスを見ていきましょう。

僕の地元の四国は日本テレビしか映らなかったので、当時ＴＢＳ系で放送されていた国際プロレスは家では見られなかった。有線が入る友達の家に時々見に行くぐらいでした。日本テレビの日本プロレスになくて、ＴＢＳの国際プロレスにあったもの、それはビル・ロビンソンのカッコ良さでした。

小佐野　国際は、67年1月に旗揚げ後、68年1月に新体制になってＴＢＳでの放送が開始されてから、一時期は「ＴＢＳプロレス」と改称しているんです。ところがＴＢＳ主導で外国人選手招聘のブッカーになったグレート東郷と金銭問題で揉め、東郷と手を切ってヨーロッパ路線にシフトチェンジしたのを機に「国際プロレス」に戻りました。二宮さんがおっしゃる通り、ロビンソンがカッコ良かったというのはわかります。国際に来るヨーロッパのレスラーは、日プロに来るアメリカ、カナダのレスラーとは全然違いましたからね。

二宮　ロビンソンは新しい風を吹かせましたよね。日プロは、ボボ・ブラジル、フリッツ・フォン・エリック、ディック・ザ・ブルーザー、クラッシャー・リソワスキーと、豪速球ばっかり投げるタイプ。翻って、国際に来ていた外国人レスラーは、見たこともないような変化球をマスターしていた。その代表格がロビンソンのダブルアーム・スープレックスです。

小佐野　ロビンソンはヒールではなく正義の外国人だし、他のレスラーも見かけもカッコいい人が多かったですよね。ちょっとヨーロッパ的なおしゃれさがありました。

二宮　ロビンソンの人間風車。いわゆるダブルアーム・スープレックスですが、日本プロレスの外国人であの技をやる人はいなかったですよね。

小佐野　いませんね。あと「マットの魔術師」と言われた、エドワード・カーペンティアとかも来ましたよね。写真で見たサマーソルトキックを「生で見られるの？」みたいなワクワク感がありました。

二宮　カーペンティアは凄かった。でも、軽業師と言っても曲芸みたいな感じではなく基本ができているレスラーで、実力の裏付けを感じさせました。あの人はフランスでしょう。シャンパン・ラグビーならぬシャンパン・レスリングですよね。技の切り換えが早い。あと、ドイツのホースト・ホフマンとか。

小佐野　あの人のボーアンドアロー。当時はセコ・バックブリーカーと呼んでいましたけど、素晴らしかったですよね。柔らかい感じで、力を使わないで勝っちゃうような印象があったけど、実際に強かったみたいですよ。

二宮　トレードマークのサイドスープレックスは、投げるというより叩きつけるといったイメージでしたね。

小佐野　後に藤波が海外修行で当時の西ドイツに行くんですけど、そこでホフマンとやったら、手も足も出ない。何もやらせてくれなかったと言っていましたね。

二宮　あと、新日本プロレスの初期に参戦していたコーリン・ジョンソン（ジョイソン）も国際に出ていましたよね。彼はイギリスかな。フランスにドイツにイギリス……。プロレスの欧州選手権的な味わいが国際にはあった。

小佐野　わかります。地味なんですけどね。72年1月に国際に下っ端で来ていたチャールズ・ベレッツというレスラーが、同じ年の11月に新日本にはトップとして来日したんです。ジョニー・ロンドスという名前で。そうしたら、本当は凄く強かった。

二宮　いましたね。スタン・ハンセンも最初の来日では一番下でした。

小佐野　ハンセンの初来日は75年9月の全日本ですけど、あの頃のハンセンは下手くそでしたからね。

賛否両論の金網デスマッチ

二宮　そんな欧州テイストの国際も70年代に入ると、デスマッチ路線に転じます。生き残りをかけての路線変更だったんでしょうね。

小佐野　結局、国際には馬場もいないし、猪木もいない。じゃあ、どうするかっていうのは凄く考えたと思うんです。だから、ロビンソンを日本陣営に入れて外国人エースにしたこともありますよね。

で、70年代だとストロング小林がエースだと。じゃあ、それよりも先輩のラッシャー木村を違う形で並べるにはどうしたらいいのかって考えて、金網デスマッチになったんだと思います。

二宮　ラッシャー木村、まさに金網の鬼でした。

小佐野　木村はアメリカから帰ってきたばかりだったし、これはもう金網デスマッチが一番じゃないかということだったんでしょうね。

二宮　当時、アメリカではケージマッチが流行っていたんですか？　雑誌でよくグレート小鹿がケージマッチをやっている写真とか、ミル・マスカラスとジョン・トロスのケージマッチとかを見ていた。

小佐野　どの程度流行っていたのかはわからないですが、フレッド・ブラッシーもやっていましたよね。木村がやっていたかどうかはわからないんですけど。

二宮　当時の『ゴング』は、木村が金網で流血しているシーンを派手に扱っていましたね。力道山のような黒タイツの木村ですが、残念ながらスター性がない。木村を生かすには、あれしかなかったんでしょうね。

小佐野　初めてやったのが70年10月8日、大阪府立体育会館でのドクター・デス戦なんですけど、ゴングと東スポしか、取材に行っていないかもしれない。最初はこっそりやったというのが正しいみたいです。会場に行った人も、金網デスマッチだということを知らないで行ったと思いますよ。

二宮　それは公序良俗に反するというか、あまり大っぴらにできないという感覚が働いたんでしょうか。

小佐野　タブーでしたからね。だから賛否両論ありましたし、そんなにお客さんも入らなかったらしい。まあ、知らせてないんだから当然かもしれないですけど。

二宮　でも、その金網デスマッチが国際の売り物になっていくわけですよね。

小佐野　そうなんですが、放送倫理に絡んでTBSの放送はダメになりましたからね。ただ、それならと逆手に取って、生でしか見られない金網デスマッチを売り物にしていったんです。その後、今のテレビ東京、当時の東京12チャンネルがついてからは、また放送できるようになりましたけど。

二宮　まあ、確かに流血シーンは凄惨でした。老舗のTBSはさすがに放送倫理上問題だと判断したんでしょうか。名称からしてデスマッチですからね。

小佐野　でも、当時の金網ルールはすごく変なルールでした。今では一般的な金網の外に出れば勝ちというルールはなく、まず3カウントのフォールをとって、そこからタイムキーパーが30秒を数え、それでも起き上がってこれなかったらレフェリーが10カウントを数えるというルールで、わかりにくかった。

二宮　デスマッチと言えば、他にもチェーンデスマッチとかランバージャックデスマッチとかいろいろありましたね。

小佐野　ランバージャックは、新日本で猪木とタイガー・ジェット・シンが73年11月30日に福山市体育館でやりましたね。あと国際だと、73年11月28日に横浜文化体育館でやったグレート草津とワフー・マクダニエルのインディアンストラップマッチとか。

二宮　あれは昔のインディアンがやっていたという建て付けでしたよね。

小佐野　インディアンが手首を革紐でつないで決闘したという設定だったと思います。確か相手を引きずって、4つのコーナーを1周しながらタッチできたら勝ちというルールでした。

結局、デスマッチって、金網でもチェーンでもストラップでも、アイテムに頼りすぎると試合の幅が狭まって面白くなくなる。だから、リングから落ちた選手を袋叩きにしたり、リングに押し戻したりするランバージャックがプロレスとしては一番面白いんじゃないかな。

二宮　そうですね。それにしてもカンフル剤みたいなものがいつまでも効くわけじゃないし、2～3回見たら飽きてしまいますから。

モンスター・ロシモフ＝アンドレの伝説

二宮　話は変わりますが、以前、菊池孝さんと話した時に、「これまで見た中で一番強いのはジョージ・ゴーディエンコ」と言っていました。国際ではマンモス鈴木をブロックバスターでＫＯしてしまった。

小佐野　僕は絶賛するほど強い感じは持ってなく、ドン・レオ・ジョナサンと同じぐらいだと思っていました。

二宮　ジョナサンもゴーディエンコも玄人受けするタイプでしたね。それにしても、ゴーディエンコの経歴が凄い。紹介記事には「共産党シンパと見なされ赤狩りに遭う」なんて書いてあったけど、いわゆるレッドパージですよね。最強のシューターの一人として知られながら、レッドパージに遭うレスラー。その経歴だけで不気味です（笑）。

小佐野　僕がゴーディエンコを見たのは、72年の『第４回ＩＷＡワールドシリーズ』ですね。モンスター・ロシモフ（後のアンドレ・ザ・ジャイアント）、ジョナサン、バロン・フォン・ラシク、ホフマン、そしてゴーディエンコと揃っていた豪華なシリーズなんですよ。強い奴ばかり集まっていたんですけど、優勝したのはストロング小林でしたね。

二宮　ダニー・ホッジもリンゴを握り潰したり、そんな体は大きくないんですけど、ゴーディエンコと同様、筋金入りでしたね。その後、日本プロレスに転じてウィルバー・スナイダーとのタッグでBI砲からインターナショナル・タッグ王座を奪取します。

小佐野　ホッジはボクサー上がりで、ボクシングでも強かったですからね。プロレスではジュニアでしたけど、ヘビー級でもできた人でしたね。

二宮　さっき名前が出たアンドレの初来日は70年ですか。

小佐野　そうです。まだモンスター・ロシモフと名乗っていた時代です。彼はフランス人で、エンリケ・エドがフランスの山奥で見つけて、70年2月の国際プロレスのシリーズで初来日したんです。

その後、同じシリーズに参戦していたバーン・ガニアがロシモフに目をつけたという触れ込みで、フランス語圏のカナダのモントリオールを拠点に活動させたんです。そこでジョナサンとかと抗争させて、アメリカンプロレスに慣らした上で、本土のAWAでやらせた。

二宮　なるほど。一度、そこでならし運転させたんですね。
小佐野　ロシモフは71年の『第3回IWAワールドシリーズ』で、2度目の来日をするんですけど、そこでカール・ゴッチやロビンソンを抑えて優勝するんです。僕が記憶にあるのはこの時ですね。この頃からツームストーン・パイルドライバーをやっていました。
二宮　あの体でツームストーンをやられたら……。
小佐野　それとダブルアーム・スープレックス。そのあたりが当時の必殺技ですよね。まだそんなに太っていなかったので、ゴッチにジャーマン・スープレックスで投げられたりしていましたから。
二宮　そうですよ、最初はスラッとしていましたもんね。
小佐野　それからAWAで活躍して最終的にビンス・マクマホンに目をつけられて、ニューヨークのWWWFに行った。そこでアンドレ・ザ・ジャイアントになったわけですね。
二宮　ということは要するに、国際プロレスをステップボードにして、スターになったわけで、その意味では、実力派ぞろいの国際での経験が生きているわけですね。吉原功の功績は大です。

小佐野　外国人を送るほうのプロモーターの目が良かったというのもあるかもしれないですね。ただ、アンドレは義理堅いですから、74年2月に新日本に参戦するようになってからも、同じ74年6月に一度だけ国際のシリーズに参戦しているはずです。英語がしゃべれない時から、吉原社長にお世話になったというのがあって、とても義理堅いんですよ。

二宮　新日本に参戦したのは、当時WWWFと新日本が提携していた、その流れからですよね。国際にもアンドレ・ザ・ジャイアントとして出ましたよね。アンドレの身長は2m23cmとなっていますけど、本当はそれ以上あったんじゃないでしょうか。

小佐野　アンドレはいわゆる巨人症で、成長し続けていたという話がありますよね。

二宮　僕の身長が180cmですけど、185cmの人なら「俺より少し大きいな」ってすぐにわかる。でも、2mを超えたら、自分よりどれくらい高いか、もうわからない。馬場も2m9cmが公称ですけど、実際にはもっとあったかもしれない。

小佐野　そこはわからないですね。でも、北尾光司が大相撲の時は199cmと言っていたと思うですが、プロレスに来た時に「横綱は2mあるでしょ？」って聞いたら、「うん、2m1㎝」って。「じゃあ、なんでサバ読んで小さくしたの？」と聞いたら「相撲取りが2mってカッコ悪いじゃん」って言っていましたね。

二宮　大きい人はちっちゃく言ったり、ちっちゃい人は大きく言いますよね。ちょっとサバ読んだりする。

小佐野　アンドレは歯の数も普通の人より多いって言ってました。

二宮　アンドレは京王プラザホテルに泊まっていたんですが、僕がエレベーターに乗ったら真後ろにいて「ウワー」と思わず叫びそうになった。僕はバスケットの岡山恭崇にも会ったことがあるけど、彼は2m30㎝です。アンドレが岡山より背が低かったとは思えない。

小佐野　横も大きいから、なおさら大きく見えますよね。でも、アンドレの凄いところは、対戦相手は全員小さいじゃないですか。そういう人たちとちゃんと試合を成立させていたことですよね。

二宮　「大男、総身に知恵が周りかね」なんて諺がありますけど、アンドレは賢かったんでしょうね。しゃべったことはないけど、見ていてそれは感じました。

小佐野　新日本にいた頃は、日本人嫌いで通していたんです。おそらく、世話係のミスター高橋がそう仕向けたんだと思うんですけど、僕は怖くて近寄れなかったですね。寄っていくと手で振り払われるんですけど、当たっちゃったら怪我しますからね。
そう言えば、マイティ井上がアンドレと仲が良かったですね。井上はフランスにも結構行ってて試合をしていたから、フランス語をしゃべれるんですよ。

エースはマイティ井上？　ラッシャー木村？

二宮　そう言えば、マイティ井上を忘れていましたね。アンコ型の体型ながらサンセット・フリップを繰り出すなど動きのいいレスラーでした。

小佐野　74年の2月に小林が国際を辞めて、新日本に参戦して猪木とやりましたよね。その年の3月末で国際はＴＢＳに放送を打ち切られてしまうんです。でも、東京12チャンネル（現テレビ東京）で運動部長をしていた白石剛達氏が吉原社長と早稲田大学レスリング部の同期だった。それで、その人にお願いして一度12チャンネルで試験的に放送してもらったんです。その試合が6月3日の後楽園ホール大会でのロビンソン・ラッシャー木村戦のＩＷＡ世界ヘビー級王座決定戦だったんですよ。

普通に考えると、木村は小林の次のエースですよ。でもロビンソン戦が不評だったため、吉原社長が井上を新たなエースに推したようです。結局、9月23日から『国際プロレスアワー』としてレギュラー放送されるようになるんですけど、おそらく若くて動けて、テレビ的にもマッチしている井上をチャンピオンにしたかったのかなと思うんですよね。白石氏は「井上は小さいし、エースは力道山を彷彿とさせるイメージを持った木村の方がいいんじゃないか」という考え方だったようですけど。

二宮　そうでしょうね。サイケデリックなパンツが話題になりましたが、ライバル団体のエースが馬場と猪木ですからね。180cmに満たない体でよく奮闘したとも思います。

小佐野　それでも、吉原社長は、木村よりはテレビ的にはラッシャーより井上の方がいいという判断だったんでしょうね。ちゃんと動けるし、日本プロレスの匂いもない人なので。

二宮　そういう狙いもあったわけですね。木村はとにかく寡黙な人だった。

小佐野　木村は自己主張しない人ですが、井上は気が強い。だから井上をエースにというのが吉原社長の希望だったと聞いたような気がします。

二宮　以前、木村にインタビューをお願いしたら、本当に何もしゃべらない。一言だけ

「僕の気持ちはすべて菊池（孝＝プロレス評論家）さんに伝えてますから、菊池さんから聞いてください」って（笑）。だから、木村のインタビューなのに菊池さんに聞きに行った。そうしたら「二宮くんの好きに書きゃあいいよ」と。まあ、昔はいい加減でしたよね。

小佐野　本当に木村は無口な人で、飯を食いに行っても、いつもニコニコしているだけなんですよ。

二宮　人の好い方でしたね。時代がもう少し下ると、あの「こんばんは」事件になるんだけど、あのブーイングは気の毒でした。挨拶しただけなのに（笑）。

小佐野　でも、その「こんばんは」事件から国際軍団として一世を風靡するわけだから人生はわかりません。で、国際に話を戻すと、井上をエースに立てたんですが、その路線も1クールで終わってしまったんですよ。75年の4月にマッドドッグ・バションが井上からベルトをとって、そのバションに木村が勝ち、今度は木村がエースになったんです。この頃からAWAと国際の関係が怪しくなって、カナダを拠点にしていた大剛鉄之助のブッキングルートに路線を変更した。そうなると井上より木村のほうが良かったのかもしれないですね。

二宮　確かにそうでしょうね。そしてカナダ路線になると、ジプシー・ジョーとかがやって来るわけですね。
小佐野　キラー・トーア・カマタとか。
二宮　ルポライターの竹中労がなぜかカマタを気に入っていた。荒っぽい土地柄の東京・蒲田のアンダーグラウンド的な雰囲気がいいと。先にも言いましたが、個人的には全日本にもやって来ていたプロフェッサー・タナカが好きでした。ゲタの裏に隠していた塩を目つぶしに使うという姑息さに痺れました。
小佐野　たしかカマタの本名はカマタではなく、カマカ。日本の血が入っているかどうかはわからないですけど、ハワイアンです。でも、竹中労の「カマタの先祖は蒲田生まれ」というのは、話としてはよくできていますよね。大人のメルヘンですよ。

国際プロレスで見た夢の一戦「ゴッチ対ロビンソン」

二宮　国際にはジプシー・ジョー、カマタ、あとクレージー・セーラー・ホワイトというヒールもいましたよね。国際に来ていた外国人は、プロレスよりもストリートファイトが似合う人のほうが多かった。

小佐野　井上が言っていたんですけど、「みんなロビンソンが強いって言うけど、喧嘩したらセーラー・ホワイトが勝ったからね」って。

二宮　セーラー・ホワイトって、荒くれ者の船乗りという触れ込みだったけど、その通りだったんですね。井上はいつ喧嘩を目撃したんでしょうね。もし会う機会があったら聞いといてください。

小佐野　日本の巡業中だと思いますけど、井上に言わせると「どんなに格闘技が強くて、関節技を知っていても、ビール瓶で頭をぶん殴られれば終わっちゃうよ」と。

二宮　でも、そういうヤンチャな人が集まってくるのも、国際の魅力の一つでした。

小佐野　国際の外国人選手は、日本プロレスに来ている選手とは全然違う感じだったので面白かったですよね。しかも、ゴッチ・ロビンソン戦とかビッグネームの試合をやりますし。

二宮　ゴッチ・ロビンソンなんてマニアからすれば垂涎の一戦ですね。ところで、ゴッチは誰が呼んだんですか？

小佐野　あの当時はハワイにいましたけど、おそらくロビンソンだと思います。

二宮　最初は力道山が呼んだんですよね。

小佐野　日本プロレス時代はそうですね。国際に来た頃はハワイで清掃員をやっていたと思うんですよ。

二宮　えっ、ゴッチが清掃員？

小佐野　そうです。あの頃はロビンソンはハワイで試合をしていましたから、ロビンソンが清掃員をしていたゴッチに声をかけたんじゃないですか？

二宮　ゴッチと言えば、日本プロレス時代、ビル・ミラーとともにグレート・アントニオを控室でボコボコにしたことがありましたよね。彼はバスを引っ張る怪力の色物として来日したのにボコボコにされてもねぇ（笑）。

小佐野　61年の『第3回ワールド大リーグ戦』の時ですね。ゴッチとミスターXのビル・ミラー、それからアイク・アーキンスに制裁を加えられた事件ですね。リングでやられて、控室でもダメ押しでやられたっていうことは、おそらく態度が悪かったんでしょうね。きっとギャラの釣り上げもあったんじゃないですか。力道山は、彼とのインターナショナル王座のタイトルマッチが残っていたので「それまでは我慢して。終わったら何してもいいから」って、ゴッチたちに言っていたみたいです。

忘れられないジプシー・ジョー

二宮　あと、忘れてはいけないのがジプシー・ジョーです。スチール椅子で叩かれても椅子が曲がるほど強靭な上半身を誇っていた。「バスク地方を放浪するジプシー」という触れ込みでしたが、椅子でガンガン殴られることでギャラを得ているわけでしょう。何か〝国際大道芸人〟的な匂いがありましたよね。

小佐野　椅子で叩かれても平気というのが必殺技みたいなものでしたね（笑）。ジプシー・ジョーは11年12月にTAJIRIがやっているSMASHという団体に来たんですよ。その時にインタビューしたら、プエルトリコの出身でしたね。プエルトリコから12歳の時に家族でニューヨークに渡って、様々な職業を経て30歳でレスラーになったと言っていました。

二宮　随分、息が長かったですよね。体が頑丈だったから……。

小佐野　頑丈でしたけど、最後に来日した時は左足の小指がなかったんですよ。バイ菌が入って壊死しちゃったみたいで。その後、16年に82歳で亡くなったんですけど、晩年は携帯電話も持っていないから連絡を取るのが大変だったようです。「どこどこの会場に行った帰りに、どこどこのガソリンスタンドに寄るから、そこに電話くれ」とか。
そんな年齢でもアメリカでマスクを被って試合をしていたんですね。向こうの生活保護の制度のことはよくわからないけど、素顔でやっていると働いているのがバレてフードスタンプを受給できないからマスクを被っているって。生活保護みたいなものですかね。

二宮　悲しい話ですね。

小佐野　昔、タイガー・ジェット・シンと一緒に全日本に来日したことがあったんですよ。で、札幌のホテルで、『ゴング』をシンに渡したんです。そうしたら、自分の写真が小さいって文句をつけられて。でも、横にいたジプシー・ジョーが「お前がそうやって脅すから、小さくしか載らないんだ」って言ってくれて。いい人だなと思いましたね。

二宮　こういう人を発掘したのも国際の功績ですよね。

小佐野　僕もそう思います。ジプシー・ジョーをブッキングした大剛氏の歴史に残るヒット作です。

第五章

ヒールで語る昭和プロレス

——〝最恐〟は誰だ？

フレッド・ブラッシー――別格の怖さだった銀髪鬼

二宮　この章では昭和プロレスに欠かせない悪役、つまりヒールを含めた外国人レスラーたちについて、さらに深く掘り下げていきたいと思います。

まずは何度か話に出たフレッド・ブラッシー。この人の前に噛みつきを武器にしたレスラーはいたんでしょうか。子供の喧嘩でも叩いたり蹴ったりはあるけど、噛みつきはタブーですよ。そんなヤツとは付き合いたくない。

小佐野　一番原始的でわかりやすいですよね。噛みついたら痛いって。しかも、ブラッシーはヤスリでシャーッって歯を磨いていましたから（笑）。

二宮　あれは本物の自分の歯だったんですか？

小佐野　たぶん入れ歯かなんかだと思います。いくらなんでも本物の歯をヤスリでは磨けないですよ（笑）。

二宮　そりゃそうですよね（笑）。しかし、それにしてもあの演出は凄かった。実際、彼の噛みつきによる流血シーンを見て何人も死んでいるし、僕は史上最悪、〝最凶〟のヒールは彼だと思っているんですが。

小佐野　そう言っていいかもしれません。ディック・ザ・ブルーザーとかクラッシャー・リソワスキーなんかもいましたが、ただの喧嘩好きという感じですからね。

二宮　そうそう、ちょっと陽気なアメリカのアンちゃんみたいな感じでしたよね。

小佐野　ブラッシーが凄いのは、あの時代には珍しかった派手な自己演出でしょう。やられたときのオーバーリアクションもあって、攻めだけでなく、受けでも見せることもできた。そういうレスラーが昔はいなかったし、ブラッシーは今見ても新しく感じますよ。今のプロレスを見ているようです。

エリックも凄い存在感のレスラーでしたが、ブラッシーと比べてしまうと、やはりブラッシーのほうがレスラーとしてのバリエーションはあったと思います。フィニッシュも意外に渋いネックブリーカーでしたからね。

二宮　返り血を浴びて真っ赤に染まる銀髪。もちろんあれもすべて計算づくだったんでしょうね。

キラー・コワルスキー——耳削ぎ伝説を持つ殺人狂

小佐野　そうそう。そういう意味で僕が怖かったのはキラー・コワルスキーかな。ユーコン・エリックというレスラーの耳をニードロップで削ぎ落としてしまって、それ以来肉が食えなくなって、菜食主義者になってしまったという話がまことしやかにあったじゃないですか。

二宮　僕もその話を読んで、ゾッとした覚えがありますね。実際にはニードロップを放った時に、シューズの金具の部分が当たったという話ですね。事故だったと。

小佐野　それで取れてしまった耳がマットの上でヒクヒク動いていて、それを見たコワルスキーが肉を食えなくなったという話ですよね。

二宮　耳がヒクヒクというのはありえない話です。誰かが創作したんでしょうね。その後、ユーコン・エリックはピストル自殺したんですよね。

小佐野　自殺ですけど、別に耳をなくしたことが理由ではなく、離婚して経済的な問題があってピストル自殺したというのが真実だと思います。

二宮　直接的な原因はわからない。ただし、菜食主義者になったコワルスキーは、どんどん肉が削げ落ち、妖気漂う体になっていきます。不幸な事故によってコワルスキーにもミソロジー（神話）が生まれるわけですよね。

スカル・マーフィー――狂気に満ちた全身無毛の怪奇派

小佐野　そういった設定だと、僕が怖かったのはブラッシー、キラー・コワルスキー、スカル・マーフィー。マーフィーって、猩紅熱で子供の頃に全身の毛が抜けちゃったっていう話がありましたよね。試合も狂気に満ちていたし、あれは怖かったですね。

二宮　マーフィーはいわゆる怪奇派でした。その意味ではブラッシーともコワルスキーとも違っていました。無毛症に悩まされ、精神を患っていたという話もあります。

小佐野　マーフィーは70年に心臓マヒによって39歳の若さで亡くなっているんですが、実はノイローゼの末のピストル自殺だったと言われています。マーフィーは完全に雰囲気が狂人でしたね。一方でブラッシーは奥さんが日本人で、三耶子《みやこ》さんっていうんですけど、その方と一緒に写っている写真を見ると、狂っているようには見えなかったですね。コワルスキーは引退してからマサチューセッツ州モールデンでレスリングスクールを開いてトリプルHらを輩出しているので、プロレスラーとしてはリスペクトを受ける存在でしたね。

二宮　若い頃の猪木はたしか、コワルスキーのナチュラルな肉体に憧れていたんですよね。

小佐野　「ベニヤ板筋肉」と呼ばれたしなやかな筋肉でした。

二宮　そうそう。2m近い身長に均整のとれた肉体。コワルスキーは名前からして東欧系の人なんでしょうね？

小佐野　ポーランド系のカナダ人みたいです。

二宮　映画の『007』なんかに出てくる東欧系のスパイって、だいたい、ああいうコワルスキータイプなんですよ。無慈悲なまでの強さと不気味さを感じさせる。ジン・キニスキーはもう少し陽気に見えましたが、確か彼もポーランド系ですよね。この人も素晴らしい体をしていた。

小佐野　コワルスキー、キニスキー、そしてジョニー・バレンタインがポーランド系の3大ヒールです。

ブルート・バーナード――咆哮する野獣

二宮　ブルート・バーナードはどうですか？　大木金太郎の耳を角材で削ぎ落としかけた。テレビで見たのか雑誌で見たのか忘れましたが、耳がブラブラしていたのを憶えています。

小佐野　あれはアクシデントですからね。ただ、そういうアクシデントを事件に膨らませて利用するのがプロですから。ただ怪我して終わりじゃ意味がないんですよ。ハンセンがサンマルチノの首を折った話や、キラー・カーンがニードロップでアンドレ・ザ・ジャイアントの足を折った話もそうですよね。それを材料にいくらでもストーリーが描けるわけだから。

二宮　事故が事件になるのがプロレスです（笑）。

小佐野　ハンセンの話も実はラリアットじゃなくて、ボディスラムの失敗ですから。でも、それを利用して興行の目玉にするんです。

二宮　バーナードは「ウォー！　ウォー！」って吠えることで野獣性を演出していた。

後にブルーザー・ブロディがこれを踏襲しましたよね。

小佐野　少なくとも僕らが知ったのはバーナードが最初ですね。昔の人は黙々と試合をする人が多かった。エリックもジン・キニスキーも黙々とやっていたし、ボボ・ブラジルもそうだった。花を噛みちぎるようになったのは晩年ですからね。

ボボ・ブラジル——馬場の32文を返した黒い魔神

二宮　ブラジルの〝花食い〟は残念でした。ブラジルと言うとココバットが代名詞ですが、昔はもの凄く均整のとれた体をしていて、ドロップキックなんか素晴らしかったですよ。

小佐野　馬場の32文ロケット砲を食らいながら、カウント2で返したことがあるんですけど、「ウワッ！」って思いましたね。当時、馬場の32文でフォールされない人なんていませんでしたから。そのタフネスさで、馬場のインターナショナル王座の連続防衛記録をストップさせたわけですからね。

二宮　大木金太郎が一本足なら、ブラジルはジャンプしてからのヘッドバット。２ｍ９

cmの馬場の頭に上から叩きつけるほどの身体能力を誇っていた。

小佐野　ああいうシンプルな技ほどごまかしが効かないし、ヘッドバットにしてもエルボーにしても、そこに説得力を持たせられるのが昔のレスラーの凄いところですよね。

あの当時、プロレス雑誌には「実は馬場は頭が柔らかくて、ヘッドバットには弱い」とか書かれていたんですよ。でも、実は馬場って頭が硬かった（笑）。僕、本人から聞いたことがありますもん、「俺、頭が硬いんだよ」って。だから、ブラジルもココバットを遠慮なしに打てたんだと思います。

二宮　シンプルな必殺技と言えば、ナンバーワンはフリッツ・フォン・エリックのアイアンクロー。馬場の頭をワシづかみにしたまま持ち上げていましたからね。防御されるとストマッククロー。胃袋づかみですよ。

小佐野　そうでしたね。顔をつかみにいって、それをブロックされたら、今度は腹をつかみに行くみたいな。

二宮　馬場が足をバタバタさせてのたうち回るシーンが印象に残っています。僕は見ていて、ストマッククローのほうが痛そうで嫌でしたね。胃袋づかみって名前だけで反則ですよ（笑）。

小佐野　確か71年9月6日、札幌中島体育センターでやったUNヘビー級王座の防衛戦の時、猪木は一本目をアイアンクローと見せかけてのストマッククローでギブアップしていますね。

「この放送は最後までお伝えできるかどうかわかりません」

二宮　ところで、粗暴系悪役と言えば、クラッシャー・リソワスキーとディック・ザ・ブルーザーにとどめを刺します。ストリートファイトのリング版ですね。

小佐野　二人はアメリカでも組んでいました。AWAの世界タッグチャンピオンでしたね。あの頃は売れっ子レスラーだったと思います。だから、日本プロレス時代の馬場のインターナショナル王座の防衛戦の相手は、雲の上の人がいっぱいいたみたいですね。ブルーザーにしてもブラジルにしても、みんな向こうでトップを張った、馬場にとっては先輩ですからね。

二宮　アメリカでは格上だったわけなんですね。また、その当時のレスラーは野球で言うと変化球は投げず、豪速球だけみたいな人ばかり。ブルーザーのアトミック・ボムズ・アウェイなんて、あれは踏み潰すだけでしょう。あとはもう殴る蹴るだけ。

小佐野　だから、お互いに殴り合うパフォーマンスをやったり。

二宮　ごつい体同士でね。

小佐野　でも、サンマルチノが日本に来た時、あんなに背が低いとは思わなかったですね。海外の写真でしか見たことがなかったから、イメージ的には凄く大きいと思っていたんですけど、馬場よりも随分と小さいんだなと思いました。サンマルチノの次にWWFでチャンピオンになったイワン・コロフも小さくてびっくりしました。

二宮　また懐かしい名前が出たなあ（笑）。ワンショルダーのタイツが怪力ぶりをアピールする上で似合っていました。名前からしてロシア系ですかね。

小佐野　逆に、ロシア系だからヒールになれたというのはありますよね。

二宮　ああ、確かに。そう言えば、リングの下に置いてある放送機材を最初に使い出したのは、リソワスキーかブルーザーのどっちかじゃなかったですか。機材が入っている箱なんかで馬場を殴っていた。当時、日本テレビで実況していた徳光和夫さんが、「もうこの放送は最後までお伝えできるかどうかわかりません」って言うんだけど、ちゃんと最後まで声が届いていた（笑）。

コードで首を絞めたりすると、もう大変。「これはもう全国の皆さん、お伝えできません」ってなるんですよ。当時は子供だったから、「レフェリーもいるんだから、最初にどけときゃいいのに」と思って（笑）。ああいう反則はブルーザーやクラッシャーのアイデアだったんでしょうか。

小佐野　そうだと思いますよ。演出的な話をしたら、日本テレビはあくまでプロレスはスポーツ番組の範疇での放送だったので、スポーツでなければいけなかったんです。それはプロデューサーだった原章さんが言っていました。

二宮　スポーツであることが前提だったら、逆に機材を反則に使ったりすると「スポーツマンシップに反する」となりませんか。

小佐野　どうだったんでしょうか（笑）。当時は、エンターテインメントではないということが前提になっていました。あくまでもスポーツであり、その中でのアクシデントということですよね。

二宮　例えば、同じ悪役でもブラッシーはシンやシークのように凶器を使ったわけじゃない。単純に噛みつくわけですからね。

小佐野　あとは急所攻撃ですね。

二宮　そうそう。インド系のシン、アラブ系のシークと違い、アメリカのストリートファイター的な凶暴さを売り物にするブルクラ（ブルーザー、リソワスキーのコンビ）は凶器も豪快じゃなければならない。セコい凶器はイメージダウンにつながりますね。

小佐野　ブルクラになったら、そういう機材とかメリケンサックを使う。凶器の使い方が明るくなっているんですよ。栓抜きを出して、チョンと突くとかだとセコく感じるし、暗く感じるのかもしれない。

二宮　デストロイヤーは割とセコいことやってましたよね。マスクの中に栓抜きを入れたり、タイツに隠し持ったり。

小佐野　やってましたね。マスクに何か仕込んでヘッドバットみたいな（笑）。あとは指に松ヤニを塗って目つぶししたりもしていたって、聞いたことがあります。

ザ・デストロイヤー——賢くないとヒールは務まらない

二宮　デストロイヤーはマギステル（修士）の学位を持つインテリレスラーで、63年の力道山との試合では視聴率64％を記録しています。

小佐野 日テレの視聴率ではナンバーワンの記録を保持しています。

二宮 あの試合はどういう経緯で組まれたんですか?

小佐野 63年5月24日の東京体育館での試合ですね。あの当時は世界チャンピオンが来るということ自体が凄いこと、しかも覆面の世界チャンピオンが来るということで話題になりましたよね。

二宮 伏魔殿WWAのチャンピオンですよね。

小佐野 そうです。5月17日に来日して背広姿のまま東京体育館に行くんですが、その日は力道山とキラー・コワルスキーの『第5回ワールド大リーグ戦』決勝戦だったんですよ。その試合の前にリングに上がって、力道山とコワルスキーを激励したんですけど、握手を拒否したコワルスキーの横っ面を張ったんですよ。もう、ファンは「あの怖いコワルスキーを殴った!」ってなりますよね。

二宮 スーツ姿に覆面という出で立ちだけでもインパクトがある。そして握手を拒否されるや、いきなり平手打ちですから。

小佐野 あと、彼の必殺技、足4の字固めは洗練された技に見えたでしょうね。しかも、5月19日の大阪府立体育会館の来日第1戦で力道山と試合をして4の字で勝っているんですよ。それも大きな宣伝になったと思いますね。

二宮　コワルスキーへの平手打ちは誰かの入れ知恵ですか？

小佐野　本人のアドリブだと思います。その場で彼の感性が働いたんだと思います。だって、アメリカではあの時代、コワルスキーのほうが遥かに格上でしたからね。

二宮　ブラッシーのヤスリを使ったパフォーマンスにしろ、デストロイヤーの平手打ちにしろ、ヒールは登場の仕方にこだわりますよね。サプライズをいかに演出するか。賢い人じゃないとヒールは務まらない。

小佐野　頭が良くないとできないのがヒールです。

二宮　上田馬之助も「ベビーフェイスはバカでもできるけど、ヒールは頭がよくないとできない」と言っていましたね。

小佐野　結局、観客の心を操らなければいけないわけです。どうやったら憎まれるのか、どうやったら逆に喜ばせられるのか、常にそういうことを考えていないといけない。だから、ブラッシーが凄いオーバージェスチャーでやられていたのも、そういった考えの一つでしょうね。ブラッシーの時代は他にそんなレスラーがいませんでしたから、インパクトが強烈で新しかったということだと思います。

ザ・シーク――アラビアの怪人は祈りと金的蹴りの二重人格

二宮　なるほど。ヒールというと、その後の時代に出てきたザ・シークも印象的でした。

小佐野　あの人は試合時間が短かったじゃないですか。

二宮　短い、短い（笑）。

小佐野　僕の記憶だと、72年9月6日に田園コロシアムで坂口征二からUN王座を奪取した試合、翌7日に大阪で坂口に奪回された試合はいずれも60分3本勝負だったのに、どちらもトータルで10分やってないんですよ。今までにないタイプだったので、テレビで見ていて驚きました。

二宮　あの人はアラブ系なんですか。

小佐野　プロフィール上はヨルダンのアンマン出身ということになってますが、実際はレバノン系のアメリカ人だったと思います。

二宮　シークと言えば、試合前、必ずリング上でアラーに祈りを捧げる。そもそもイスラム教は偶像崇拝を禁止しているから、神は心の中にあり、祈り自体が精神の浄化を意味しているわけでしょう。それが礼拝の最中に、いきなり金的蹴りですから（笑）。よくアラーが怒らなかったものです。

小佐野　シークの初来日は72年の日本プロレス末期になるんですが、その頃になると情報がちゃんと日本に入ってくるようになってきていました。だから、あんな狂った試合をするけど、実はデトロイトのプロモーターを務める大金持ちで、普段は仕立てのいいスーツを着て、サングラスをかけていると。そういう二重人格的な部分もミステリアスに感じられましたね。

二宮　ジキルとハイドのような（笑）。

小佐野　71年のNWA総会で当時の『ゴング』の編集長……僕の師匠の竹内宏介さんがシークに会っているんですよ。写真を見るとピシッとしていたし、インタビューを読むと「私は……」ときちんとしゃべっている。訳し方でどうにでもなる部分ですけど（笑）、子供だった僕なんかは「シークはリングを下りるとこういう紳士的な人なんだ」って信じちゃいましたからね。

タイガー・ジェット・シン――出くわしたら必ず殴られる恐怖

二宮　悪役の紳士というと思い出すのは、タイガー・ジェット・シンです。飛行機の墜落事故で全日本プロレスの選手が亡くなったことがありましたね。

小佐野　ハル薗田とその奥さんです。87年11月28日、新婚旅行を兼ねて、南アフリカに遠征に行ったその途上のモーリシャス沖で乗っていた飛行機が墜落した。その時、薗田を南アフリカに呼んだプロモーターがシンでした。

二宮　南アフリカでの興行のプロモーターがシンだった。NHKのインタビューにスーツ姿で出てきたシンは、流暢な英語で「薗田は素晴らしい男だった」と語り始めた。聞けば、南アフリカにはインド系が多く、シンは名士でもあったらしい。後で聞いたら、カナダに学校も持っていたりするらしいですね。

小佐野　2005年にオンタリオ州ミルトンにタイガー・ジェット・シン・パブリック・スクールというのを開校していますし、03年には慈善活動を認められてカナダ政府から特別功労賞を贈られ、07年にはミルトンの名誉市民にもなっています。

二宮　寄付金で財団を作ったりもしている。

小佐野　07年6月に『ハッスル』に来日した時、テレビ番組で一緒になって控室で話をしたんですが、その時には「約12兆円をかけて2500世帯の家とホテル、コンドミニアム、ショッピングセンター、スポーツセンターを建設する超巨大プロジェクトが進行中だ」と言ってました。「俺と猪木の違いはどこかと言うと、猪木はビジネスで失敗したけど、俺は成功した」と言っていましたね。

でも、僕がシンとそんな話をできたのも、記者としてのキャリアを重ねて50歳をすぎてからのことですよ（苦笑）。

二宮　昔のシンはとにかく怖かった。

小佐野　もうそれはハンパじゃなかったです。昔、地方巡業の時に、ホテルのエレベーター待ちで扉が開いたらシンが乗っていたことがあったんです。それで挨拶したら向こうもウィンクしてくれたんですけど…と思ったら、いきなりバーンと頭を殴られました（笑）。

二宮　俺はいつだってタイガー・ジェット・シンだと。24時間、凶悪レスラーを演じていたんでしょうね。プロフェッショナルに対する意識の高さが感じられます。

小佐野　控室なんかは本当に怖かった。他に客がいない、誰も見ていない場所でも、会ってしまったら最後、必ず殴られます（笑）。

84年12月12日の横浜文化体育館の全日本プロレスの控室で僕一人が残って、馬場と話をしていたときのことです。話が終わって出て行こうとドアを開けたら、馬場に話でもあったのか、シンが立っていたんですね。「あっ、やべえ！」と思って慌てて閉めて「馬場さん、すみません。シンがドアの向こうに立っていて、たぶん入ろうとしていると思うんですよ。僕はどうしたらいいですか？」と聞いたんですよ。そうしたら「お前がいたら暴れるから、奥に入っとけ」と言われて、僕はロッカーの裏に気付かれないように隠れていました（笑）。あれは忘れられないですね。

あと、後楽園ホールの控室への出入りが昔は自由だったので、気軽に出入りしていたんですが、シンだけは要注意だった。シンはトイレに行きたくなったら「ハッタラマシトラ、マカラ！」とか叫び声を上げるんです。それが聞こえてきたら、みんな逃げる。もし、逃げ遅れて、控室から出てきたシンに見つかったら、確実にやられますから（笑）。

シンの前ではマスコミも客も清掃婦も関係なし

二宮　それはもう労災ですね（笑）。シンが名前を売ったのは、アントニオ猪木を狙った伊勢丹襲撃事件でしょう。

小佐野　73年11月5日の事件ですね。

二宮　公道を使うとは誰の入れ知恵ですか？

小佐野　東スポの桜井康雄氏曰く、「東スポは写真を持っていない。だからヤラセじゃねえ」って（笑）。

二宮　でも、普通に考えれば、倍賞美津子さんと一緒にいる時に、伊勢丹前でバッタリとは会わない（笑）。今のようにGPS付きのケータイがあるわけじゃないんだから。

小佐野　どうなんでしょうか。新日本の人間が警察に呼ばれて、始末書を書かされてもいるのは事実です。まあ、その時に一緒に襲ったビル・ホワイトというレスラーがいて、彼の証言によると「おそらく手引きをした奴はいるはずだ」と。つまり、猪木のスケジュールをシンに教えた人間がいるということなんですね。そこから先は、シンが自己陶

タイガー・ジェット・シン（1981年10月9日、蔵前国技館）

酔して、やり過ぎたんじゃないかということなんですけど。

二宮　買い物客はびっくりしたでしょうね。映画の『仁義なき戦い』の銃撃シーンで街ゆく人々が逃げ惑うシーンがあるのですが、事前に撮影許可を出していなかったため、後で警察に叱られたという話を聞いたことがあります。リアリティを重んじる深作欣二監督の演出だったと。

小佐野　いやー、僕の記憶としては、とにかくシンは怖かった。シンと同時期に一世を風靡したアブドーラ・ザ・ブッチャーは、客がいない所で僕らを襲うことはなかった。でも、シンは客がいなくても襲ってきました。実際に何回かやられていますし。

二宮　僕も何度か取材に行きましたけど、あの緊張感はとにかくハンパなかった。お客さんだってやられていましたから。

小佐野　だって、掃除のおばちゃんとかにもいっちゃうんですから（笑）。だから僕は、シンがいる時は、体育館に着いたら外国人の控室の確認を必ずやっていました。どこかで出くわしてしまったら、絶対やられますから。

斬新だったシンの椅子使い

二宮　シンが他のヒールと一線を画すのは、椅子の使い方だと個人的には思っています。それまでの椅子の使い手は座るシートの部分でパコーンと相手を殴るんだけど、シンは椅子を縦にして鉄パイプの部分で喉元を突いていた。

小佐野　それまであれをやった人はいなかったですから。あと彼は椅子を投げ飛ばすんです。リングサイドで写真を撮ってると、椅子が飛んでくる。一度、馬場に当たっちゃいましたから。

二宮　馬場ならいいけど、お客さんに当たったら、今なら大問題になりますよ。

小佐野　シンはお客さんともかなりトラブルを起こしています。だからシンは、よく客の靴を見ていましたね。
二宮　靴を？
小佐野　履いている靴の種類で、今で言うところの反社系の人かどうかを見分ける（笑）。
二宮　なるほど。要するにピカピカ光ってたり、エナメル系の靴を履いている人は、そっち系の人だと（笑）。それは知らなかった。賢い人だなァ。
小佐野　おそらく、そういう関係といくつかトラブルを起こしているはずで、それで学んだんだと思います。さっき話に出た07年に『ハッスル』に参戦した時、シンが「サムライＴＶ」に出演したんですよ。その打ち合わせの時に三田佐代子さんという女性キャスターに対して、「ちょっと、そこの女。お前、女だからって大丈夫だと思ってるんじゃないぞ」みたいなことを言い始めて（笑）。
で、本番30秒前になってサーベルをくわえたら顔が紅潮し始めて、「はい、スタート」となったら、机をバカバカ叩き始めた。一緒に出演していた僕は、本番開始3分でサーベルで殴られましたからね（笑）。
二宮　シンはサーベルをくわえながら狂気の世界に入っていくんでしょうね。あの当時、アメリカではそれほど名前の売れていなかったたシンを、どういうルートで猪木は呼んだんですか？

小佐野　力道山時代からプロレス界と関係があった貿易商が新日本にシンを紹介して、ナイフをくわえた宣材用のシンの写真を見た猪木が、「なんか迫力がねえな。サーベルでもくわえさせてみろよ」ということで、サーベルになったらしいです。

二宮　そうだったんですか。やっぱり猪木は凄い。そのサーベルで痛めつけられるわけですからね（笑）。さすがにナイフは使えない。

小佐野　あのサーベルは新日本の持ち物だったんです。だから、全日本に移籍した時はサーベルの代わりにモップを持って乱入していましたね。

二宮　モップじゃ様になりませんね（笑）。シンはシークの影響を受けているでしょう。

小佐野　シークの地元のデトロイトでシン・シーク戦をやっているんですよ。あの頃はブッチャーもデトロイトにいたし、少なからず影響は受けているかもしれないです。71年頃に高千穂明久がデトロイトでシンと試合しているんですけど「しょっぱかったよ」って言ってましたね。

二宮　これは猪木も言っていたけど、技が切れる人ではなかったですね。

小佐野　一応フレッド・アトキンスの教え子なんですよ。同じアトキンスに教わった馬場は、「とてもアトキンスに教わったとは思えない」と言っていました。

二宮　インド式レスリングの使い手だという話も聞きましたが、とてもそうは見えなかった。

小佐野　シンの生まれもインドなのかカナダなのか、よくわからない。インド系なのは確かですけど、カナダはインド系の人が多いし、カナダ生まれかもしれません。

フリッツ・フォン・エリック――「鉄の爪」一本で興奮させた希代のヒール

二宮　ベビーフェイスとかヒールという枠を超えて、こと存在感という点でのナンバーワンはフリッツ・フォン・エリックだと思います。

小佐野　エリックのあの雰囲気は凄かったですからね。

二宮　アイアンクローで馬場の巨体を片手で押さえて、そのまま持ち上げる。あの冷酷な表情は作ろうと思って作れるものじゃないでしょう。

小佐野　馬場のコメカミから血がたれてくるのは壮絶で、本当に怖かったです。

ジャイアント馬場vsフリッツ・フォン・エリック（1975年7月25日、日大講堂）

二宮　アイアンクローにしても一気につかみに行かずに、掌を開いたまま高く構えてカメラのほうを見る。それでお客さんの恐怖心を煽りながら、ジワリジワリと額に迫る。そしてコメカミをつかもうとするエリック。そのエリックの手首をつかんで防御する馬場。そこで一度ツメを引き、また狙う。この動作を繰り返すから、観るほうは生きた心地がしない。あれは映画の『ジョーズ』の世界ですよ。

いや、『ジョーズ』以上だった。

小佐野　ブラッシーも、いきなり噛みつくかと思ったら噛みつかず、相手の防御もあるから、そこにタメが生まれる。

二宮　そうそう、タメなんですよね。昔の名レスラーは技にタメがあった。しかし後で考えると、あれだけ緊張感あふれる空気は、やはり相手との深い信頼関係がないと出せないでしょうね。

小佐野　信頼関係と言っても、なあなあな関係では出せない。それぐらい凄かったですね。考えてみれば、エリックの技ってアイアンクローの他には「馬の蹴り」と言われた蹴り上げぐらいしかないんですから。それだけで、あれだけ興奮させる試合を成立させていたのは大変なものです。

二宮　エリックは冷酷さを際立たせるため、ナチス・ドイツをギミックに使っていましたが、ドイツ系ユダヤ人というのが定説になっていますね。

小佐野　だから、同じユダヤ系のブルーザー・ブロディに信頼されていた。ブロディが問題児と言われながらエリックの所でずっとやれていたのはそれがあったからです。

二宮　エリックにはたくさんの子供がいた。

小佐野　はい。レスラーになったのがケビン、デビッド、ケリー、マイク、クリスの5人で、子供の頃に死んだ長男も入れると6人ですね。デビッドは日本で死んでしまいましたね。他のケリー、マイク、そしてクリスも自殺してしまいました。生きているのはケビンだけです。ケビンの息子のロスとマーシャルはプロレスラーになって日本のプロレスリング・ノアに留学経験があります。

二宮　よく「呪われたエリック家」と言われますよね。

小佐野　薬物絡みだと思います。デビッドは日本で死んだ時に薬物だって言われたけど、実際は内臓疾患が原因だったと言われています。ケリーはバイク事故で右足の甲から先を切断して、義足でがんばってやっていたけど、コカインの使用で起訴されて結局はピストル自殺してしまいました。マイクは服薬自殺、クリスもピストル自殺です。

偉大なオヤジに対するプレッシャーはあったかもしれないし、子供の頃からプロレス会場に出入りしていたので、他のレスラーが遊び半分でやっていたドラッグに気軽に手を出してしまったというのもあるかもしれないですね。

子供たちの中ではデビッドが一番期待されていて、生きていればおそらくNWA世界ヘビー級チャンピオンになっていたと思います。

二宮　背が高くて、マスクも良かったですからね。

小佐野　オヤジに一番近い雰囲気を持っていて、ベビーでもヒールでも、どちらでもいけるタイプ。ＮＷＡ世界チャンピオンになったら、ヒールができないといけないですからね。

アブドーラ・ザ・ブッチャー――裸足からシークブーツへ

二宮　ヒールと言えば、アブドーラ・ザ・ブッチャーも日本のプロレス史を語る上では欠かせない存在です。

初来日の時からヒールなんだけど、最初は裸足でやっていましたね。やがてつま先の尖ったシューズを履くようになりました。

小佐野　シークブーツと呼ばれる、つま先が曲がった靴ですよね。

二宮　あれもシークの影響なんですか？

小佐野　オーストラリアやニュージーランドでファイトをしていた時、試合が荒れて客がビール瓶を投げ込んできたりすることがあって、それが割れてリング上に破片が散る

テリー・ファンクを凶器で攻めるブッチャー

らしいんです。そうすると裸足で試合ができないからブーツを履いた。シークがああいうブーツを履いていたからあのモデルにしたみたいで、シークブーツと呼んでいました。

二宮　そういう事情だったんですか。僕は裸足の頃のブッチャーが好きだった。あの頃はまだ足が上がっていて、空手風の蹴りが様になっていた。ジュジュプソーの使い手だという触れ込みだったけど、そんなスーダンの格闘技なんて誰も見たことがなかった。

小佐野　子供の頃に故郷カナダ・オンタリオ州ウィンザーの警察学校で空手と柔道を習っていたと言ってました。無料の教室があったそうです。

二宮　アフリカのスーダン出身ということでしたよね。

小佐野　実際は父親がカナダのネイティブ（リアル・インディアン）、母親がミシガン州出身のアフリカン系黒人のハーフですね。

二宮　もう一人、ブッチャーという名前のレスラーがいました。

小佐野　ザ・ブッチャーですね。マスクマンのザ・スポイラーという名前でも来ましたし、63年7月の初来日はドン・ジャーディンという名前でした。

二宮　ザ・ブッチャーはドン・ジャーディンでしたか。こちらのほうの印象が強すぎて、後からやって来たブッチャーは、最初の頃は空手風のパンツがステテコに見えて冴えなかった印象があります。

小佐野　アブドーラ・ザ・ブッチャーの初来日は70年8月で、僕は小学校3年生でした。ジャーディンはそれよりも前の65年9月、右手に黒い革手袋を付けたザ・ブッチャーとして来ていますから、インパクトは強かったかもしれないですね。彼はその後、76年8月にスーパー・デストロイヤーとしても来日しています。

二宮　スーパー・デストロイヤーはザ・デストロイヤーとの覆面十番勝負にも出場していますね。

小佐野　2m近くあったと思います。彼はWWEのスーパースターだったジ・アンダーテイカーの先生ですからね。

二宮　そう言えばスタイルが似ていなくもない。

小佐野　アンダーテイカーがやっていたロープ渡りのパフォーマンスは、もともとスーパー・デストロイヤー時代の彼がやっていました。

二宮　彼がロープ渡りの元祖なんだ。確かに運動神経も良かったし、いいレスラーでした。だから最初、なんであのブッチャーが黒人のブッチャーに取って代わられたんだと不思議に思ったんですよ。

小佐野　アブドーラ・ザ・ブッチャーが初来日した時は外国人のトップではなく、カール・ハイジンガーというロサンゼルスのレスラーがトップだった。でも、いざ来てみたらハイジンガーはしょっぱくて、ブッチャーのほうが全然良かったんです。

サイコロジーの達人

二宮　日本で売れっ子になりたいという雰囲気を漂わせていましたね。
小佐野　彼は凄く頭がよくて、サイコロジーに長けていたと思います。
二宮　プロレスファンにとって一番印象深いのは、全日本プロレスのドル箱、『世界最強タッグ決定リーグ戦』のブッチャーだと思います。ブッチャー・シークとザ・ファンクスの戦いの定番、フォークを使う反則はインパクトがありました。
小佐野　フォークを使って伝説となっているファンクス対ブッチャー&シークの試合は、77年の『世界オープンタッグ選手権』最終戦、12月15日の蔵前国技館ですよね。でも、実はその試合の数カ月前にデトロイトでも同じカードが行われていて、そこでフォークを使っているんです。

二宮　それを日本に持ち込んだと。

小佐野　おそらくそうだと思います。以前、ブッチャーは「俺がテリーの腕をフォークで刺したのは、日本ではあの1回しかない。それ以降は刺す必要がなかったからだ。なぜなら、1回刺しておけば、俺がフォークを持っただけで、みんなそれをイメージするだろ。だから、わざわざ刺さなくたっていいんだよ」と言っていたんですよ。

二宮　なるほど。最初に印象づけてしまえば、チラっとそれを見せるだけで心理的効果は絶大だと。

小佐野　ブッチャー曰く、それがサイコロジーだというわけですね。一方で、「テリーも大したもんだ。俺が腕を刺した時も文句を言わなかったからな」とも言っていましたね。

二宮　我慢に我慢を重ねていたテリーが、腕に包帯を巻きながら反撃に転じる。水戸黄門的なカタルシスがありましたね。

小佐野　ファンクスもあれで一気にスーパーアイドルになりましたね。

二宮　ファンクスはちょっと飽きられてきていたところへ、あれで一気に人気爆発のV字回復。見事に蘇りましたね。ただし、フォーク攻撃は刺激が強すぎて教育上いかがなものかと日テレに苦情が殺到したという話も聞きました。

小佐野　血気盛んで絶対に心が折れないテリーと、それを見守る冷静沈着な兄のドリーの組み合わせもよかったんですよ。

あの試合で素晴らしい演出だなと思ったのは、試合後にもう一度、ファンクスのテーマ曲の『スピニング・トーホールド』をかけたこと。今なら勝ったほうのテーマ曲をかけるのは当たり前ですけど、当時そういうのはなかったですからね。たぶん、テーマ曲の仕掛け人だった日テレの梅垣進プロデューサーでしょうけど、あのアドリブ演出は大したものです。あれでまた興奮が倍増しましたからね。

タッグの名手、吉村道明

二宮　ちょうどファンクス対ブッチャー&シークというタッグマッチの話題が出たので、もう一度、力道山に戻りましょう。冒頭で小佐野さんは、力道山のセンスの良さとして、「最初にシャープ兄弟とのタッグマッチを見せたこと」を挙げました。

確かにタッグマッチはプロレス独特のもので、他の格闘技にはない。その意味で、ファンクス対ブッチャー&シークの試合が、全日本プロレスのドル箱カードになったのは必然のような気もします。

小佐野　そうですね。それぞれのキャラクターがしっかりと出ていて、それが代わる代わる戦うから面白い。確かにそれはタッグマッチの重要な部分ですね。

二宮　タッグマッチは数々の名脇役を生んできた。とりわけ星野勘太郎と山本小鉄のヤマハブラザーズが最高でしたね。

二人とも小柄でシングルだとスターにはなれませんが、タッグだと1＋1が3にも4にもなった。アメリカで小回りの利くヤマハのオートバイにあやかって命名したというのですから、センスもいいですね。

小佐野　メインクラスの馬場と猪木が組んだら絶対強いに決まってるんです。でも、中堅クラスの人たちがタッグチームとしての強さを発揮するという意味では、ヤマハブラザーズは新鮮でしたね。

二宮　スピードもあるし、タッチワークも速い。

小佐野　それが本当のタッグチームですからね。

二宮　あと、タッグの名手と言えば、日本プロレスの吉村道明です。

小佐野　アジア・タッグ王座の連続防衛記録15回という記録をいまだに猪木&吉村組が保持しています。猪木が日本プロレスから追放されなければ、もっと伸びていたはずです。

二宮　吉村はタッグを組んだ相手を光らせるのがすごく上手かった。猪木は「一番やっておもしろかったのは、吉村さんだった」と言ってました。

小佐野　馬場も「一番良かったパートナーは吉村さん」と言いますからね。

二宮　そう思います。エースを前面に立て、自らは出しゃばらない。大木金太郎とのコンビでもアジア・タッグのチャンピオンになりましたよね。

小佐野　吉村は試合の波をしっかり作ってくれて、おいしいところをちゃんとつないでくれる。自分が引っ張って引っ張って、やられてやられて、そして、パートナーにおいしいところをとらせる。タッグマッチで一番困るのは、さんざん自分のやりたいことをやってからタッチされることなんですね。タッチされたほうにしてみれば「俺は何をすりゃいいの？」ってなりますから。

二宮　吉村の場合は、さんざん攻められ、コーナーで待つエースに「おい、なんとかしてくれ！」というタッチですからね。

小佐野　そこでお客さんも「ウォー！」と沸くわけです。

二宮　タッグマッチと言えば、猪木も名手でした。先述したように、タッグロープの持ち方がよかった。コーナーで休むのではなく、常に前がかりに構えていました。

小佐野　そこが昔のレスラーの凄さです。今のレスラーってボケッと立っているから、休んでいるようにしか見えない。今のレスラーはそういうのを知らないんですね。

二宮　特に猪木はいつも臨戦態勢の構えで、相手から目を切ることがなかった。

小佐野　時代が下がっても、武藤敬司みたいな人は客から見られているのを意識していたので、コーナーでの所作も違いました。休んでいても、休んでいないように見せるのも、やっぱりレスラーとしてのテクニックですから。

二宮　なるほどね。外国人だと、僕はレイ・スティーブンスとニック・ボックウィンクルのコンビが好きでしたね。

小佐野　国際プロレスに来ていて、地味でしたけど、スティーブンスはレスラーの間では評判のいい人でしたよ。メリハリがあって受け身がうまいってみんな言いますから。

二宮　あとはダニー・ホッジとウィルバー・スナイダーのタッグも印象的でしたね。

小佐野　あれは急造タッグでしたけど、69年1月9日にＢＩ砲からインターナショナル・タッグ王座をとっていますから、本格派のコンビですね。古すぎて、そんなに記憶には残っていないんですけど。

ブロディ&ハンセンのありえない強さ

二宮　スナイダーは銀髪でカッコ良かったし、あの二人のタッグはちょっと抜けていた気がします。あと、外国人のタッグと言えば、時代は下るけど、やはりブルーザー・ブロディとスタン・ハンセンのコンビも忘れられない。

小佐野　ただ、あのコンビはタッグチームとしてはある意味、セオリー通りでないというかメチャクチャなところがありました。びっくりしたのは、全日本プロレスで初めて組んだ82年4月17日の大分県立荷揚町体育館での馬場&天龍組とのノーテレビの試合です。

知り合いがその試合を8ミリカメラで撮影していたので見せてもらったんですけど、これが凄かった。馬場と天龍を5分ぐらいでボコボコにして圧勝したんですよ。天龍はおろか、馬場の技も受け付けないし、メチャクチャ強い。強すぎる。試合として成立してないんですから。こんな一方的なチームはあり得ないと思いましたね。

二宮　タッグチームって、柔と剛が合わさったほうがいいけれど、あのコンビは剛と剛だし、一番近いのはディック・ザ・ブルーザーとクラッシャー・リソワスキーのブルクラコンビですかね。自己主張の競い合い。

小佐野　タッグでは、どっちかが受けに回る吉村のような役割が必要なわけですよ。

二宮　本来はそうなんです。1＋1が3にも4にもなるのが理想。翻ってブロディとハンセンは3＋3は6という感じ。二人とも「俺が、俺が」ですから。日本プロレス時代の馬場と猪木にしても、猪木がちょっとやられて馬場が助けるという役割分担ができていましたからね。

小佐野　さすがにタッグでは猪木も一歩引いて、馬場を立ててましたよね。

二宮　それに比べるとブロディとハンセンは全く遠慮がない。

小佐野　だから、彼らは確かに強いけど、対戦相手がメチャクチャ頑張らないと試合が成立しない。一度『世界最強タッグ決定リーグ戦』の公式戦で、マスカラス・ブラザーズ対ハンセン&ブロディという試合があったんです。83年12月5日、福岡国際センターでやった試合なんですけど、馬場が頭を抱えるほど変な試合になってしまった。ブロディとミル・マスカラスがお互いに全く譲らなくて不穏な空気が漂い始め、しょうがないからハンセンとドス・カラスでなんとか成立させたということがありました。

二宮　そう言えば、ブロディは長州力の技も受けなかった。

小佐野　ありましたね。85年3月9日、両国国技館のプロレスこけら落としでやった、長州&谷津嘉章対ブロディ&キラー・ブルックスの試合。ブロディが長州の髪の毛を持って引きずり回した試合ですね。

二宮　あれはちょっとリンチみたいな感じで長州が気の毒でしたね。

小佐野　ブロディは長州のことを全く認めていなかったんですよ。

二宮　多少、ブロディには大人げないところもあった。

小佐野　そうなんです。自分たちのポジションを奪っていった長州、しかもいいギャラもらっていると思っているから「なぜ、こんなチビがトップを取るんだ⁉」というのがあの人の考えでした。それで3月14日の名古屋の愛知県体育館がシリーズ最終戦だったんですけど、試合の途中でプイッと控室に帰っちゃって、その1週間後に新日本への移籍を表明したんです。

二宮　ところで、彼らのギャラは週給だったと聞きましたが、ブロディやハンセンでどれぐらいだったんですか？

小佐野　詳しくは知りませんが、1ドル180円ぐらいの時代のおそらく1万ドルぐらいじゃないでしょうか。昭和末期、80年代半ばぐらいに一番ギャラが高かったのはロード・ウォリアーズです。マネージャーのポール・エラリングもウォリアーズと同じ金額をもらっていて、彼らが1週間いると3万ドルかかったと聞いたことがあります。

ロード・ウォリアーズ――パワーとスピードの両立コンビ

二宮　今、話に出たウォリアーズ。ホークともう一人がアニマルですよね。衝撃的なデビューでしたが、一方で否定的な意見もありましたね。

小佐野　彼らはレスリングの幅がないですからね。いろんなスタイルに対応できないから、受け身が下手でしたよ。まあ、あんなにごついんだから、受け身を取る必要もなかったんでしょうけど。

テレビ東京でやっていた『世界のプロレス』でよく見ていたんですけど、彼らの試合って、全部秒殺じゃないですか。ところが全日本に来て、両国で鶴龍コンビとやった時は、ジャンボ鶴田が全然引かなかった。僕も「ジャンボって結構固いところがあるんだな」と思ったぐらいでしたが、ホーク・ウォリアーも狼狽していましたね。

彼らの場合、攻めている時はあれだけのパワーがあるし、素晴らしいんですよ。今までのパワーファイターと違ってスピードがありましたから。パワーファイター＝うすのろみたいなイメージがあったんですけど、彼らは全然違った。

二宮 見栄えのいい筋肉をしていましたね。スピーディでパワフル。しかも斬新だった。人気が出たのもわかります。

小佐野 彼らはジョージアから出てきて、ＡＷＡで世界チャンピオンになった新しい時代の選手でしたね。ビジュアル的にもあんなペイントをした選手はいなかったし、ファイトスタイルもあんなに動けるパワーファイターはいなかったですからね。二人ともドロップキックをやったりして飛べるし。

ただ、一度見たらいいかなというチームでもありましたよね。結局、同じパターンだし、バリエーションがない。それに攻めている時はいいけど、受けに回ると脆い。そうなると飽きられちゃうんですね。

二宮 深みとか奥行きとか……。

小佐野　武藤がグレート・ムタとしてアメリカのWCWに出てた頃に言っていたんですよ。「ウォリアーズのスタイルが主流で、技術者がいないから助かったよ。俺がムーンサルトプレス一発やるだけで、鎌固め一発やるだけで、ウワーッてなる」と。

二宮　なるほど。彼らとの対比でテクニカルなレスリングが受けた。武藤のレスリングには深みと奥行きがありますからね。

小佐野　そうです。ウォリアーズのようなスタイルばかりのところに武藤が入っていくと、全然技術が違うから客が惹かれる。ムタはヒールなんだけど、アメリカのムタは日本の武藤がペイントをしているだけという感じで反則はほとんどしなかった。むしろ日本のムタの方が武藤敬司との違いを出さなければいけないために極悪でしたね（笑）。

日系人ヒール「トーゴー」の謎

二宮　ウォリアーズから武藤の話になったところで、もう少し遡って、日本人ヒールの話もしてみたいと思います。

昭和プロレスでは「日系人ヒール」という印象的な人たちがいました。昔は「少年マガジン」とかでもよく悪役レスラーが紹介されていましたが、中でも印象的だったのがグレート東郷です。試合の花道で客に襲われたりするたびに家が豪邸になっていったり、取り巻きに金髪の女性が増えていくとか、凄いストーリーが描かれていた。日系人としては最高のサクセスストーリーでしょう。

小佐野　東郷のような日系人や日本人のレスラーは、本当にヒールなんですよ。僕がアメリカに行ったのが81年ですけど、戦争が終わってもう何年経ってるんだっていう時代じゃないですか。そんな時代になっても、フロリダに行くと日本ではテクニシャンとして知られるヒロ・マツダがヒールをやっていましたからね。僕はベビーフェイスだとばかり思っていたから、驚きました。マツダの写真を撮っていたら、客から物を投げつけられましたからね。

二宮　えっ、ヒロ・マツダは正統派だったんじゃないんですか。アメリカでは毛色の違う日系人・日本人レスラーというイメージがありますが……。

小佐野　ヒールでしたね。その後、テネシーにも行ったんですけど、そこでは若き日の大仁田厚と渕正信が修行をしていました。こちらはもろにヒールで、日系のトージョー・ヤマモトをマネージャーにして悪党をやっていたんですけど、凄い憎まれぶりでした。

だって、一緒に会場を出ようと通路を歩いていたら、近くでガサガサって音がするんですよ。何かと思ったら、ファンが刃物で彼らを刺そうとしているのを、取り押さえられているところだったんです。

二宮　それはスリリングな場面だなあ。作家の村松友視さんが、『七人のトーゴー』という本を書いているんですけど、あれはプロレス文学の最高傑作だと思います。七人とは、具体的にはグレート東郷、トシ東郷（ハロルド坂田）、ミスター・モト、キンジ・シブヤ、オーヤマ・カトー、デューク・ケオムカ、グレート・ヤマト……。他にもトーゴーを名乗ったレスラーはいます。

小佐野　結局、トーゴーを名乗っちゃえばいいわけですからね。

二宮　東郷は最初「グレート・トージョー」を名乗ろうとしたんですが、太平洋戦争の記憶としてあまりにも生々しいので「トーゴー」にしたという話があります。東郷平八郎なら日露戦争の英雄なので、アメリカには直接関係がない。

小佐野　一つわからないのは、太平洋沿岸部では日系人のファンもいるわけじゃないですか。そうなるとベビーフェイスもできたんじゃないかなと思うんですよね。

実際、先ほど話に出た62年3月28日に力道山がロサンゼルスでブラッシーからWWA世界王座を奪取した試合は、力道山がベビーフェイスのファイトをして、観客に支持されましたから。

二宮 なるほど。僕の最大の謎は、日本人の悪役で安達勝治が名乗ったミスター・ヒト。あれは当初、ミスター・ヒロヒトにしようとしたところ、さすがにまずいとなって変えたんじゃないかと。本人に確認する前に亡くなってしまった。

小佐野 その可能性はありますね。

二宮 まさかアメリカで名乗っていたことはないでしょうね。

小佐野 KENSOというレスラーがいるんですよ。ラグビーの選手からプロレスラーに転向したんですけど、彼が04年からアメリカのWWEに行くんですね。その時に初めは、ビンス・マクマホンが昭和天皇を連想させる「ヒロヒト」というリングネームを付けようとしたんですけど、さすがにそれはヤバイということで、本名の「ケンゾー・スズキ」になった。

二宮 それを聞くと、ミスター・ヒトのケースもその可能性はありそうですね。

小佐野 そうですね。でも、海外でのリングネームは結構いい加減だから、誰が何を名乗っていたのか、わからないことも多いんですけどね。

二宮　新日本プロレスでキャリアをスタートさせた関川哲夫のミスター・ポーゴというリングネームは、アメリカで名乗っていたものですよね。

小佐野　そうです。彼は1970年代にアメリカに行くんですけど、本当は「トーゴー」を名乗ろうと思ったら、「T」のスペルが「P」に見えてしまって、「ポーゴ」と誤記されてしまい、そのままリングネームになってしまったという話です。

二宮　ああ、もうそのままでいいやと（笑）。確かテリー・ファンクが間違えたんですよね。

小佐野　テキサス州アマリロでポーゴになったんです。現地のプロモーターのテリーにとっては「トーゴー」でも「ポーゴ」でも、どっちでもよかったんでしょう（笑）。

二宮　まあ、トーゴーというのはアメリカ人にも発音しやすいですよね。ポーゴでもいいんでしょうけど（笑）

小佐野　日系の戦後の悪党レスラーはみんな、たいていは原爆で両親が殺されて、復讐のためにアメリカに渡ってきたとか、そういう設定ですからね。

二宮　馬場もニューヨークではヒールをやっていますよね。ちょび髭生やして、高下駄なんか履いて。あの時はどういうリングネームだったんですか？

小佐野　アメリカに行った当初はショーヘイ・ババ、メインイベンターになってからはジャイアント・ババが多かったようですね。僕が見た映像では、ショーヘイ・ババと呼ばれていましたね。

上田馬之助――いい人の印象はあるけれど……

二宮　日本人のヒールだと、上田馬之助も印象深い。猪木追放事件の時も上田の話が出ましたが、ヒールとしての評価はどうですか？

小佐野　僕が最初に見た時は日本プロレスに凱旋帰国して、日の丸をつけたタイツを履いた上田なんですけど、凄いなという感じはしなかったんですよ。

彼がアメリカから帰ってきたのは71年で、その年の9月に行われた『第2回NWAタッグ・リーグ戦』にグレート小鹿とのタッグで出場しているんですが、前年に帰ってきた小鹿ほどのインパクトはなかった。地味で動きがのろい記憶があります。

次に見た時はもう、悪党のまだら狼になっていましたけど、よく若手の頃に腕固め一本で勝っていたっていう記事を読んでいたんですよ。でも、シンと組んでいる上田にシュートが強いなんていうものは全く感じなかったし、正直、「この人のどこが凄いんだろう?」と思っていました。

二宮　これは手厳しいですね。

小佐野　だって、何をやるわけでもないし、チョークをやって、竹刀でぶっ叩くぐらいですからね。

二宮　技が切れるイメージもなかったですよね。

小佐野　じゃあ、いざという時に関節技が凄いのかっていうと、別にそんなこともなかったですから。

二宮　ただ、妙な存在感がありましたね。打たれ強く、粘っこかった。というより、もっさりしていた。

小佐野　才能があったとすれば、客の憎悪を煽る才能です。その点では上田は凄いと思います。ただ、レスラーとしての技量はファン時代から感じたことがないですね。

二宮　当時の日本で金髪に嫌悪感を持つ人は多かったし、しかも憎きシンと組んで、ファン心理を逆撫でした。あの〝まだら銀〟という中途半端な染め方はよかったですね。

日本人は中途半端を嫌うから、ヒールとして得点を稼いだ。

小佐野　僕の中では上田は評価のしようがないレスラーなんですよね。ただ、人としてはいい人でしたね。実は僕、高校時代に新日本のファンクラブを主宰していて、ある日、京王プラザホテルで上田を待っていて、「サインしてください」って頼んだら「ちょっと待っててね」と言って、わざわざ部屋まで行って墨と筆を持ってきてくれて、丁寧にサインしてくれるんです。それで「あんまり遅くまで遊んでいちゃダメだよ。早く家に帰んなよ」みたいなことを言われて（笑）。「この人、いい人なんだな」って思った思い出があります。

二宮　実際は律儀な人なんでしょうね。シンとのコンビでは引き立て役に徹していましたけど、逆にシンのコントローラーとしての評価が高まった。野球のバッテリーで言えば、ワガママなピッチャーを支える老獪なキャッチャー（女房役）といった役どころですね。

小佐野　シンにとっては必要な人でしたよ。シンは日本語をしゃべらないので、上田がいることは大きかったと思います。あとはどうすればファンの憎悪を掻き立てられるのか、日本のプロレスファンの気質はやっぱり日本人の上田でないとわからない。それをシンに伝えたんだと思います。

二宮　あと、アメリカで悪役をやっていた日本人はいっぱいいても、日本に帰ってきてからも引き続き悪役をやっていた人は、それまでいなかったんじゃないですか。

小佐野　それはそうですね。向こうでやっていた悪役のまま日本ではできませんから。アメリカのままやるんだったら、パウダーを撒いたり、スニーキーなファイトをしないといけない。それを日本のファンの前でやっても響かないでしょうからね。

二宮　上田が成功したのは、猪木追放事件の裏切りの一件をうまく逆利用したことだと思います。日本人って、裏切り者を嫌いますからね。過去の物語をうまく接ぎ木して、それに乗った猪木の何でもありのセンスは、やはり尋常じゃない。

小佐野　だから、上田のスタイルはアメリカの日本人ヒールのスタイルではなくて、アメリカ人レスラーが日本でやるヒールのスタイルですからね。

そういう意味では、ザ・グレート・カブキにしても、日本でカブキをやるのは最初、すごく不安があった。あれはあくまでもアメリカのキャラだし、日本でやってもどうかなと。

ザ・グレート・カブキ――ヒールを超越した東洋の神秘

二宮　今、話に出たザ・グレート・カブキについても語っておかなければいけませんね。カブキは、日本ではベビーフェイスでしたからね。

小佐野　アメリカでもダラスにいた後半はベビーフェイスに転向しているんですよ。ただ、ベビーの人と組んでいるだけということだけで、ファイトスタイルは同じなんです。

二宮　カブキと言えば、やはり毒霧ですよね。あれで子供を味方につけた。

小佐野　自分で開発したって言っていましたね。シャワーを浴びている時に、水を口に含んでフーッと吹いたら、キラキラときれいに見えたのがヒントになったそうです。それから色をいろいろ試して、何が一番いいのかを考えた。吹き方も、下から上に吹き上げるようにしないとダメだとか、試行錯誤したようです。

二宮　大したもんですね。あれはテレビでも本当にきれいに映った。日テレの技術スタッフの水準の高さが窺《うかが》えました。

小佐野　相手をコーナーに上がらせるように仕向け、テレビライトと重なるようにして

毒霧が忘れられないザ・グレート・カブキ（1985年9月14日、松本市総合体育館）

吹くとキラキラッとなって、相手を包み込むようなきれいな毒霧になるそうです。

二宮　照明の角度とか、テレビ映りの効果を考え抜いた末の演出でしょうね。

小佐野　吹くタイミングの研究も相当したみたいです。カブキは81年の元旦にダラスでデビューしたんですけど、その年の8月に僕はダラスでトップを張っているカブキを見たんですよ。ただのヒールじゃなくて、ベビーもヒールも超越したミステリアスさを感じました。まさに東洋の神秘です。

二宮　ミステリアスな上に崇高な印象も受けました。

小佐野　奇声をあげてクルクルッと回って、トラースキックをバシンと打ち込む。そんなカブキのムーブを見て、ブーイングを起こすよりも魅入られてしまうファンが多かった。非常に新しいタイプのヒールでしたね。

二宮　空手っぽい技もミステリアスな雰囲気を作る要素だったと思うんですが、代名詞でもあるあのトラースキックはアメリカで身につけたんですか?

小佐野　別に空手をやっていた人でもないし、一つ東洋っぽいムーブを入れておくかぐらいのものだと思うんですけど、それを必殺技として魅せられるレベルに持っていけたのがカブキの凄いところだと思います。

二宮　カブキについてのエピソードで、一つ笑ったことがあるんです。子供がカブキにある質問をした。「なぜ口に毒霧を含んでも、カブキさんは死なないの？」と。するとカブキは「毒霧を口に入れる前に解毒剤を飲んでるから」（笑）と返したらしい。機転の利く人だから成功したんでしょうね。

小佐野　そう、カブキは子供に受けるんですよ。ペイントだけだとアメリカは当時からハロウィンの文化があるから、あまり驚かれない。だから、プラスアルファで考えたのが毒霧だった。初めの頃はダラダラと垂らしているだけで、それだけでも不気味だけど、それがある時から吹くようになったんです。

二宮　アイデアマンでもあったということですね。先にも言いましたが、僕が住んでいたのは四国の港町で、プロレスが年に一度か二度しか来ない。田舎の試合はテレビ放送もないから、明らかに東京や大阪での試合とは雰囲気が違うんですよ。ある時、マーク・ルーインだとか、サムソン・クツワダ、ロッキー羽田とかが来ていて見に行ったんですが、そのときちゃんと大技を見せてくれたのが、当時のカブキ。子供っていうのは正直で、あれからカブキが好きになってしまった。

小佐野　それは全日本プロレスの高千穂明久時代ですね。

二宮　そのことは本人にも話したことがあります。今は都内でちゃんこ屋さんをやっていますが、いい味出してますね。メニューには「毒霧サワー」もありました。私は解毒剤なしで飲みましたけど、大丈夫でした（笑）。

終章

タイガーマスクと昭和プロレスの終焉

——昭和プロレスが教えてくれたこと

プロレス界を変えた天才、タイガーマスク

二宮　ここまで昭和プロレスについて語ってきましたけど、その終焉についても見ていきたいと思います。

小佐野　先にも語った通り、タイガーマスクの出現以降、時代は大きく変わっていったと思うんですよ。タイガーマスクがデビューしたのは81年。82年に大ブームになって、83年に引退です。僕らにとっての昭和プロレスはその頃までで、タイガーマスク以降は、全日本プロレスではジャンボ鶴田、天龍源一郎、新日本プロレスでは長州力、藤波辰爾が中心の時代になります。

二宮　この前、テレビで初代タイガーマスクの特集をやっていたんですよ。パーキンソン病を患っていると……。

小佐野　19年11月15日、大田区総合体育館におけるデストロイヤーの追悼興行に来場したのにリングに上がれなかったぐらいですから、かなり悪いようです。

二宮　ライバルだったダイナマイト・キッドが亡くなったのはタイガーにとってもショ

時代を変えた天才、初代タイガーマスク（1982年10月15日、大垣体育館）

ックだったでしょうね。

小佐野　18年12月5日に亡くなりました。キッドの場合は体が小さいのにステロイドで大きくしたし、当時のWWFは殺人的スケジュールだったし、受け身を取りすぎて、相当体にダメージがあったようです。

二宮　とにかくタイガーの身体能力と格闘センスは別格でしたね。タイガーによると、最初に渡されたマスクは「シーツにマジックで図柄を描いたようなもの。目の切り抜き部分が小さくて視界が狭い上に、口の切り抜き部分も小さい。呼吸するのも大変」だったそうです。そんなマスクで軽々とトップロープに上がっちゃうんだから……。

小佐野　トコトコッとは上がれても、ひょいっと上がることはできないですよ。

二宮　バランス感覚とか空間認識の能力だとか、ちょっと別格ですよね。

小佐野　だって漫画よりも凄かったんですから。「こんな動きをできる人間が本当にいるんだ」と思ったし、本当にあの人がプロレス界を変えたんだと思います。タイガーマスクがいたからこそ、小さな人でもプロレス界に入ってこられるようになったし、後にUWFにも関わることで、プロレスの概念さえも変えてしまった。

二宮　タイガーマスクの出現とともにプロレス界の激変が始まった。それほどタイガーマスクの影響力は絶大だったということですね。

小佐野　そうです。UWFができたりジャパン・プロレスができたりと、新しい動きが活発になっていきましたね。

二宮　UWFには最初、ルチャ・リブレの選手が入っていましたよね。

小佐野　UWFは84年4月11日に大宮スケートセンター大会で旗揚げされたんですけど、最初はグラン浜田も所属していたので、ルチャの選手も呼んでいましたね。最初のメンバーとしては前田日明、ラッシャー木村、剛竜馬、グラン浜田、マッハ隼人。外国人選手に関しては、新間寿氏が裏でジャイアント馬場に頼んで、テリー・ファンクがブッキングをしていたんですよ。あとは浜田がメキシコから選手を呼んでいました。

二宮　新間—馬場ライン。

小佐野　83年8月に新日本でクーデターが起きて、猪木が社長から外された。11月に猪木は社長に戻りましたけど、その猪木もUWFに来るし、フジテレビで放映するという話が進められていたんです。

その頃、全日本も日本テレビから運動部長の経験者でもある松根光雄氏が出向してきて、社長になっていた。だから、馬場は松根体制になって面白くなかった。そんなときに「協力してくださいよ」と声をかけてきたのが新間氏なんです。馬場は外国人のギャラが高騰するのが嫌だったから「じゃあ、俺がブッキングしてやる」ということで、UWFに協力したんです。

一方で、WWF会長だった新間氏はWWFが新日本の契約を3月末で終えて、UWFと契約することを馬場にほのめかしたんです。そこで馬場は「UWFに協力する代わりに全日本にアンドレ・ザ・ジャイアントを出してほしい」という条件を出した。

その後も、新間氏は「フジテレビも放映するし、猪木も来るので、馬場さんも一緒にやりませんか?」と誘うんですけど、猪木が動かなかったことで、すべて壊れちゃったんですね。

二宮 なるほど。前田やその後に合流したタイガーマスクの佐山聡、あるいは高田延彦や藤原喜明たちが中心となり、UWFスタイルと呼ばれる新しいプロレスが作られていくわけですよね。これが一度新日本に戻ってから、また復活したという流れでしたね。

小佐野 第2次UWFは88年5月12日の旗揚げですから、昭和の本当に最後のほうですね。翌89年は剛竜馬が4月30日に後楽園ホールでパイオニア戦志、大仁田厚が10月6日に露橋スポーツセンターでFMWを旗揚げするんですが、そこで時代は完全に平成に突入します。猪木とマサ斎藤の巌流島の戦いが87年10月4日ですが、これがスケール的にも話題的にも、昭和プロレスの最後を飾る試合だったと思うんですよ。

「昭和プロレス」で学んだ大人の世界

二宮 最後にまとめに入りたいんですけど、小佐野さんが考える昭和プロレスの定義とは?

小佐野　難しいですけど、今のプロレスは当たり外れがないんですよ。たぶん、プロレスを興行として見る、お金を払うと考えたら、今のプロレスのほうが安定してそれなりのレベルのものを見られるんです。昭和のプロレスは大外れの場合もあるし、大当たりの時もある。でも、それを僕らは楽しんでいたんですよね。

二宮　そういうもんだと思っていましたよね。

小佐野　例えば、今の人って、プロレスに限らずだけど、白黒つかないとダメなのかもしれない。でも、僕らの頃って、グレーなことがいっぱいあったから。昭和のファンは熱かったから、ダメな時は物も投げたし、「金返せ」コールもやりましたよ。でも、その反面、そういうグレーな部分も受け入れていましたからね。

二宮　子供の頃に見た田舎の試合では、マーク・ルーインが試合中にリングを解体し、それをレスラー全員が手伝っていた。子供心に「早く移動しないと雪が降り始めるよな」とか「次の会場に間に合うかな」とか心配していましたよ。大人の事情をそれとなく察知していた。

小佐野　子供が大人になる時に必要なことを学ばせてくれたようなところはありましたよね。

二宮　そうそう。大人の事情を学ぶ場なんです。ところで僕が一番最初にプロレスを見たのは、実は女子プロレスなんですよ。オヤジに連れて行ってもらった会場は田舎の公園。赤城マリ子っていましたよね。

小佐野　はい、全日本女子プロレスですよね。

二宮　当時は赤城が一番きれいで華があった。その赤城が東西南北に向けて、股裂きをやられるわけですよ。まるでストリップのご開帳。試合後の帰り道で、オヤジが「お母さんには今日のことは絶対言うなよ。わかったな」と（笑）。

あれが少年時代に初めてかわした父親との〝男の約束〟でしたね。教育上よろしくないかもしれないけど昭和プロレスは、大人の世界を覗かせてくれる隠し窓のような役割もありましたね。

小佐野　女子プロがそんなストリップまがいのものじゃないよってなったのって、75年春にマッハ文朱がチャンピオンになって以降ですからね。

二宮　オヤジだって僕が買ってきた『ゴング』を勝手に借りていき、赤城の写真をこっそり見ていたんだから（笑）。赤城はアイドルレスラーの草分けじゃないでしょうか。

小佐野　僕もプロレスを好きになったのはオヤジの影響ですからね。テレビを見ていて、タッグマッチで外国人が悪いことをして、日本人側がクレームをつけるでしょう。レフェリーがそれを止めるんだけど、だいたいそのレフェリーがユセフ・トルコなんですよ。そのトルコに対して、オヤジが「あいつはいつも外国人の味方ばかりしやがる」って怒っていましたからね。

大人でも、そういう目でプロレスを見ていた時代だったんですよ。あの頃は「真剣勝負だ」「いや、あんなの八百長だ」って言い合っている時代で、僕らプロレスファンは、八百長だって言われると真剣に腹を立てていましたよね。

二宮　オヤジ自身「あれはショーだから」とか言いながら、真剣に見ていましたよ。

小佐野　昭和の末期にＵＷＦが出てきた時も「ＵＷＦは本物で、従来のプロレスは嘘だ」みたいな話になって「そんなことねえだろう！」という人たちと大論争が起きていましたから。

二宮　プロレスには常にそのテーマが付きまとっていますね。力道山以来、ずっと続いている。

小佐野　猪木が「ウチはストロングスタイルで、馬場の全日本はコミックショースタイル」と言ったりしてね。

二宮　でも、そういう価値観の対立があったからこそ、プロレスの内需拡大につながっていったんでしょうね。

小佐野　全日本はそれを逆手に取って、ＵＷＦブーム全盛の89年に「みんなが格闘技に走るので、プロレスを独占させていただきます」というキャッチフレーズを出したわけですからね。まあ、平成に入ると新日本やＵＷＦ系の団体は、生みの親である猪木の影響もあって総合格闘技と交わるようになったけど、それがプロレス界の低迷を生んだ要因の一つになってしまった。

その反省から、今のプロレスは、新日本も含めたどこの団体も、馬場の「プロレスはプロレスだ」という思想でやっていますよね。こういう思想や価値観の対立軸がなくなったのも、昭和のプロレスと今のプロレスの違いなのかもしれません。

二宮　子供の頃、プロレスとの出会いがなければ、人生の何％かは損をしていたような気がしますね。だって、私たちの世代で４の字固めやコブラツイストのかけ方を知らない者はいませんから。そんな国民、世界中で日本ぐらいじゃないでしょうか……。

小佐野　時代やプロレスの在り方がどう変わろうと、僕を夢中にさせてくれたプロレスの原点は、間違いなくその時代にありますから、忘れることはできませんね。長々と語らせていただき、ありがとうございました。

（文中、プロレス関係者については敬称を略しました）

本文写真　山内 猛
編集協力　小松伸太郎
松山 久
編　　集　飯田健之
DTP制作　三協美術

昭和プロレスを語ろう！
2020年12月9日　第1版第1刷

著　者　小佐野景浩　二宮清純
発行者　後藤高志
発行所　株式会社廣済堂出版
〒101－0052　東京都千代田区神田小川町
2－3－13　M&Cビル7F
電話 03-6703-0964(編集) 03-6703-0962(販売)
Fax 03-6703-0963(販売)
振替 00180-0-164137
https://www.kosaido-pub.co.jp

印刷所
製本所　株式会社廣済堂

装　幀　株式会社オリーブグリーン
ロゴデザイン　前川ともみ＋清原一隆(KIYO DESIGN)

ISBN978-4-331-52316-2 C0295